入社1年目から
好かれる人の

敬語・話し方のビジネスマナー

高田 将代

SB Creative

・上司や先輩からよく声をかけられている
・大ベテランの先輩ともいつの間にか仲良くなり、可愛がられている
・自分と同じ新卒入社なのに、面白そうな仕事をどんどん任されている
・取引先の人からもなにかと目をかけられている

どんな職場にもこのように、誰からも好かれる人がいます。

「自分は先輩や上司に話しかけるだけでも精一杯なのに、なぜあの人は気にかけてもらえるのだろうか」
「どうしてあの人は、あんなに好かれるのだろうか？」
そう思うこともあるでしょう。

誰からも好かれる人とあなたとは、一体、何が違うのでしょうか？

それは、「相手に応じた話し方」を身につけているということ。
そして、話し方を通じて、仕事に対する姿勢や意欲をしっかりと表現し、
信頼をつかみ取っているということです。

話し方が変われば、社会人生活は大きく変わります。

仕事は1人ではできません。
信頼され、応援され、「この人と一緒に仕事がしたい」と思ってもらえる話し方を身につけていきましょう。

はじめに

きちんとした話し方ができると信頼される

社会人になって、正しい言葉遣いやきちんとした話し方が難しいと感じたことはありませんか？

入社して間もない頃は、何をするにも上司や先輩に確認が必要で、常に話し方に気を使わなければなりません。

はじめて経験することが多く、ただでさえ戸惑う場面が多い中で、敬語を使うことが苦手だったり、話し方に自信がなかったりすると、伝えたいことも伝えられず、もどかしい思いをすることもあるでしょう。

上司や先輩と楽しそうに話している同期を見て、羨ましいと思うこともあるかもしれませんね。

社会に出ると、さまざまな世代、さまざまな関係の人とコミュニケーションを取る必要があります。

また、学生時代と違って自分の言葉に責任が生じます。責任の重みが増すからこそ、臆病にもなってしまいます。「お客様や取引先に失礼があってはいけない」「自分の話し方次第で成果が変わるかもしれない」そう考えると、余計に緊張してしまいますよね。

ですが、誰とも会話せずに仕事を進めることはできません。そして、人間関係を築くこともできないのです。**言葉遣いに自信を持つことができれば、今よりもっと自分の意思や考えを堂々と伝えられるようになります。**上司や先輩から安心して仕事を任せてもらえるようにもなるはずです。

ですからまずは、基本的な敬語の使い方を徹底して覚えましょう。

言葉遣いは「信頼」に直結します。

言葉遣いと話し方が人間関係をつくる

また、言葉遣いだけでなく、どのように話すかということもとても大切です。同じ言葉でも話し方によって、印象や伝わり方が変わります。話し方を磨くことでコミュニケーションの質はより高まるのです。

言葉遣いと話し方、この2つを合わせることで信頼関係が深まり、円滑なコミュニケーションがとれるようになり、よりよい人間関係を築くことができます。

どんなに器用でも、人は1人では成長できません。

上司や先輩、取引先など多くの人のサポートを受けながら、スキルが磨かれ、成長していきます。

周囲の人たちとよりよい関係性を築くことができれば、上司や先輩から気軽に声をかけられ、ノウハウや考え方を教えてもらえる機会に恵まれます。ともに仕事をする一員として認められれば、自然と責任ある仕事を任され、社内はもちろん、取引先やお客様からも好かれるようになるでしょう。

サポートを受けられる関係をつくると、成長のスピードも格段に増します。**言葉選びや話し方で人間関係の質が変わり、あなたの成長度合いも変わるのです。**

言葉遣いは誰でも身につけられる

では、どうすればそのような言葉遣いや話し方を身につけることができるのでしょうか。

実は、言葉遣いは筋トレと同じです。

きちんとした言葉遣いを知る、覚える、使うというサイクルを繰り返すことで、必ず身につきます。

私は普段、マナーコンサルタント・ふるまいコンシェルジュとして、さまざまな企業や学校などでコミュニケーション研修を行っています。そのなかで感じるのは、**言葉遣いは口にした分だけ磨かれていく**ということです。繰り返せばどなたでも変化します。言葉遣いは「慣れ」なのです。できない人は1人もいません。

また話し方も、すぐに取り入れられて変化が実感できる方法がたくさんあります。ほんの少しの意識で、あなたの話し方は確実に変わります。

本書では、「敬語は難しい！　でも、自信を持って使いこなせるようになりたい！」という人のために、仕事の基本となる敬語と話し方を、できるだけ丁寧に、わかりやすく紹介します。それらを実践していくことで、あなたを取り巻く人との関係がよりよい方向へ変わっていくでしょう。

目次

第2章 好かれる人になるための「敬語」の使い方

第3章 柔らかな印象をつくる「言い回し」

第5章 上司に好かれる人は「報連相」で差をつける

第6章 もっと「好かれる人」になるために押さえておきたい立ちふるまい

第1章

相手の心をつかむ「話し方」のキホン

社会人になると、学生のときよりも、行動に責任が生じます。話し方が相手に与える印象を左右し、成果が変わる緊張感もあると思います。ですが、きちんとした話し方を身につけ、仕事に対する姿勢や意欲を表現することができれば、周囲の信頼を得て、応援される存在になることができます。まずはこの章で紹介する話し方の基本を学び、周りから信頼される存在を目指しましょう。

周囲から噂されるくらい、気持ちのよい挨拶を

気持ちのよい挨拶をする人は応援される

「はじめに」で、人は1人では成長できないとお伝えしました。

みなさまが上司や先輩の立場だったとしたら、どんな人にすすんでアドバイスをしたくなりますか？　おそらく、「いつも気持ちのよい返事をしてくれる人」「元気のいい挨拶をしてくれる人」など、素直で前向きな人の姿が思い浮かぶことと思います。あなたの上司や先輩も、同じように考えています。ですから、「気持ちのよい人」に近づく行動を取るだけで、あなたの印象はポジティブなものに変わり、自然と応援されるようになるのです。

まずは、気持ちのよい挨拶と返事をすることを心がけましょう。明るい挨拶をする人は、間違いなく記憶に残ります。けれども、意識して行っている人は、そう多くありません。**挨**

拶と返事を徹底するだけで、周りと大きく差をつけることができるのです。

挨拶の基本は「明るく笑顔で」

では、具体的にはどのような挨拶をしたらよいのでしょうか。ポイントを「あ」「い」「さ」「つ」にまとめて紹介します。

「あ」……明るく笑顔で
「い」……いつでも
「さ」……先に自分から
「つ」……続けて一言

「明るく笑顔で」というのは、基本中の基本です。それだけで、周囲に前向きな印象を与えることができます。

また、発声するときは、声をいつもよりワントーン上げるように意識しましょう。職場の雰囲気をパッと明るくするようなイメージです。大きく印象が変わります。

たとえば、元気がなさそうに、もしくは不機嫌な感じで「おはようございます」と言われると、いかがでしょうか。

元気のない挨拶をされると心配になりますし、不機嫌な挨拶だと、なんとなくこちらまで気分が悪くなりますよね。一方、明るく気持ちのよい挨拶をされると、受け取った側も気持ちがよく、思わず笑顔になります。

挨拶について、忘れられない思い出があります。10代の頃、少し辛いことがあって、落ち込んでイライラしていた私は、不機嫌さを隠しもせず挨拶を返したことがありました。すると友人から、「自分の不機嫌に周りを巻き込むのは違うと思う」と言われたのです。そのとき、かなり気持ちが落ち込んでいた私にとってはきつい一言でしたが、その通りだと思いました。私がイライラしていることは、目の前の友人には何も関係がなく、これではただの八つ当たりです。辛いことがあったのなら、むすっとしているのではなく、その気持ちを正直に伝えて、聞いてもらえばよいのです。

私はそれ以来、どんなときもできる限り気持ちのよい挨拶を相手に届けようと思うようになりました。自分の機嫌に左右されるような挨拶はしないと決めたのです。そのことに気づかせてくれた友人の言葉は、何十年経った今でも鮮明に覚えています。

みなさまも、せっかくなら、気持ちのよい挨拶を届けることを意識しましょう。

「いつでも」「先に自分から」と決める

さらに、「いつでも」「先に自分から」挨拶をすることも大切です。

10人に挨拶をしても、10人全員が返してくれるわけではありません。中には頑《かたく》なに目を合わせてくれない人や、反応が薄い人もいるでしょう。こちらのアクションに対して反応がないと、残念な気持ちになると思います。ですが、挨拶は返してもらうためにしているわけではありません。

挨拶をする人としない人、あなたはどちらでありたいですか？　私は、結局は「**自分がどんな人でありたいか**」だと思っています。いつでも、誰にでも、気持ちのよい挨拶を届けられる人でありたいと。

「自分がどんな人でありたいか」を決めてしまえば、挨拶を返してくれない人がいても気にならなくなります。

もちろん、気持ちのよい挨拶を返してもらえると嬉しいです。そういう挨拶を自分が続けていれば、自然と同じような挨拶を返してくれる人が増えていきます。

挨拶には〝見えない壁〟を低くする力がある

もし、あなたに苦手な人がいるのであれば、あえて自分から挨拶をしてみてください。あなたが苦手だと思っていると、たいてい相手も同じように感じています。そんなときこそ、思い切ってその人に笑顔で最高の挨拶をするのです。そのような挨拶を続けていると、相手のほうが「あの人、実は私のことを苦手だと思っていないのかもしれない」と感じ始めます。「笑顔で挨拶をする」という行為が、相手を肯定的に見ていると示すことにつながるのです。すると、二人の間に立ちはだかっていた〝見えない壁〟がだんだん低くなってきて、距離がグッと縮まる瞬間がやってきます。挨拶にはそのくらい、人間関係を変化させる力があります。

よく知らない人でも、挨拶をされると好印象を抱く

みなさまのご近所で、名前も知らないけれど、会うたびに気持ちのよい挨拶をしてくれるお子さんはいませんか？　そのお子さんの印象はいかがでしょうか。ハキハキとした挨

拶をしていることで、「きちんとしているな」「しっかりした子だな」と、前向きな印象を抱いていると思います。

本当はどんなお子さんなのかはわかりません。ですが、気持ちのよい挨拶をしてくれるだけで好印象を抱き、「いい子」だという目で見るようになります。

自分が周囲からどういう目で見られているか、どんな印象を持たれているかということは、その後の自分自身の行動に少なからず影響を与えます。「いい子」だと周囲から思われていると感じると、自然とその期待に応えようとします。それは大人もまったく同じです。

人は出会った瞬間に、その人が信頼できるかできないかを判断します。**どんな挨拶をするかは、人の印象を測る大きな判断材料になるのです。**感じのよい挨拶には、挨拶をした人の印象をポジティブに変換する力があり、時間が経ってもその印象が色褪《あ》せることはありません。それは、期待や信頼につながります。気持ちのよい挨拶を徹底し、周囲の人から「この人なら」と思われる人になりましょう。

参考までに、25ページで基本の挨拶を紹介します。ここにある挨拶が自然と言えるようになりましょう。どんな挨拶もきちんとできる人はとても強いです。

「続けて一言」で、大切に思う気持ちが伝わる

挨拶をしたときに、さらに好印象を与えることができるコツがあります。それが、「**続けて一言**」です。

職場の人から「おはようございます」と言われたときに、みなさまはどのように返していますか。「おはようございます」と応えるだけでも、もちろん挨拶としては成立しますが、会話は終わってしまいます。

そこで、一言声をかけられたら、「おはようございます。今日は気持ちのよい天気ですね」といった具合に、二言で返すようにするのです。

何も気にせずに挨拶を返すと一言で終わってしまいますが、「二言で返そう」と思うと、相手の様子に関心を持つはずです。つまり、二言で返すという行為そのものが、「あなたのことを大切に思っています」というメッセージになるわけです。相手に気持ちが伝わるきっかけになり、お互いの心地よさが増していきます。また、二言目で相手のことに言及できると、さらに好印象です。

基本の挨拶

出社したとき	おはようございます
お礼を言うとき	ありがとうございます 恐れ入ります
謝罪をするとき	申し訳ございません
外出するとき	○○へ、行ってまいります
外出する人を見送るとき	行ってらっしゃいませ
依頼を受けるとき	かしこまりました 承知いたしました
戻ったとき	ただ今戻りました
戻った人を出迎えるとき	おかえりなさい
来社した人に	いらっしゃいませ、 お世話になっております
待ってもらうとき	少々お待ちくださいませ
お待たせしたとき	お待たせいたしました
入室するとき	失礼いたします
退社するとき	お先に失礼いたします
退社する人を見送るとき	お疲れ様でした

二言目には「気遣い」を添える

実際の例で考えてみましょう。

職場で、営業の人が「行ってまいります」とあなたに声をかけたとします。その際、どんなふうに返すでしょうか。「行ってらっしゃいませ」だけでももちろんよいのですが、もしその日が35度を超えているような猛暑日であれば、「水分補給をなさってくださいね」「どうぞお気をつけくださいね」といった言葉を添えるのもよいですよね。

ほかにも、取引先やお客様に挨拶をするときに、「ご無沙汰しております。お元気そうで何よりです」「おはようございます。場所はすぐにお分かりになりましたか」など、相手を思いやる言葉を添えると、印象は大きく変わります。二言目の力というのは、思っている以上に大きいのです。

仕事をしていると、声をかけてもそっけない態度だったり、最低限の応答しかしなかったりする人も多いと思います。そんな中で、いつももう一言添えてくれる人がいるといかがでしょうか。おそらく、その人に好感を持ちますよね。親しみを感じて、心の距離も近くなるでしょう。二言目を続けるのが難しいという人は、「おはようございます。〇〇さん」というように、名前を呼びかけるだけでも印象が変わります。

まずはできるだけ二言で返すように意識してみましょう。**二言目はギフトです。**続けていると、きっと相手との距離が縮まっていくはずです。

誰もがスタートラインは同じです。まずは「あ」「い」「さ」「つ」を意識し、小さな革命を起こしましょう。「〇〇さんの挨拶って気持ちいいよね」と感じてもらえると、相手のほうから心を開いてくれて、驚くほどコミュニケーションが取りやすくなります。

「お辞儀」で気持ちの伝わり方が格段に変わる

感じのよいお辞儀のポイント

仕事では、挨拶とともにお辞儀をする機会も多いと思います。品のある、感じのよいお辞儀をするためには、次の３つのポイントに気をつけましょう。それだけで、見違えるほど印象がよくなります。

①言葉と動作を分ける
②背筋を伸ばし、腰から折る
③ゆっくりと身体を起こす

では、一つずつ順番に解説していきます。

①言葉と動作を分ける

みなさまは、挨拶の発声と同時にお辞儀をしていませんか？　その状態では、発した言葉が床に向かい、相手の心に届きにくくなります。研修で実際に違いを体感してもらうと、ほんの少しのことでこれほど印象が変わるのかと、多くの人が驚かれます。普段は気づきにくいですが、改めて意識してみると、よくわかるのです。せっかく気持ちを込めて挨拶をしていても、相手に届かないのは、とてももったいないことです。

きちんと気持ちを伝えたいときは、発声とお辞儀を別々に行いましょう。

相手に向き合って挨拶の言葉を発してからお辞儀をすることを「語先後礼《ごせんごれい》」と言います。これは「一回一動作」とも言い、１回にする動作は１つだけ、つまり挨拶とお辞儀を同時にせず、言葉を届けてからお辞儀をすることで、一つひとつの動作により心を込めることができるということです。

仕事をしていると、「ここぞ」という場面や、きちんとお礼を伝えたいシーンが出てきます。そんなときこそ、相手の目をしっかりと見て挨拶をしてから、丁寧にお辞儀をしましょう。気持ちの伝わり方が変わり、印象も格段によくなります。

②背筋を伸ばし、腰から折る

お辞儀をするときに、首だけ曲げる人や背中を丸める人を多く見かけます。お辞儀のときは、頭から腰までを一直線にして、腰から折るようにしましょう。また、目線は真下ではなく、少し先を見るようにすると、首が曲がるのを防ぐことができます。お辞儀の角度は、シーンによって大きく次の3つに分かれます。

・会釈　角度は15度　日常の挨拶、廊下ですれ違うときや入退室時
・敬礼　角度は30度　来客時やお見送りをするとき、目上の人に敬意を示すとき
・最敬礼　角度は45度　感謝や謝罪の意を示すとき

研修などで、角度の使い分けが難しいと言われることがあります。会釈はちょっとした挨拶ですので、時間を取らないよう軽く頭を下げる、敬礼はご挨拶なので丁寧に、最敬礼は深々と、と捉えると実践しやすいでしょう。心からの謝罪などを示す場合は、90度まで

下げるなど、状況や思いの深さに応じて角度を変えるようにしましょう。

時々、何度もペコペコとお辞儀をしている人を見かけます。何度もお辞儀をすることは、謙虚さの表れであるとも言えますが、時に卑屈な印象や頼りない印象を与えかねません。ビジネスシーンでは、**相手からの信頼を得るためにも、丁寧なお辞儀をしっかりと一度だけ行うほうが圧倒的に好印象**です。

③ゆっくりと身体を起こす

お辞儀は、「頭を上げる」ときの余韻の残し方に品が表れます。頭を下げたら一拍おいて、下げるときより心持ちゆっくりと起こすと、丁寧な余韻が残ります。また、顔を上げたら、もう一度相手の目を見ることを忘れずに。

目上の人や上司と接するときは、緊張して動作が忙《せわ》しくなりがちですが、大切な局面こそ、深い呼吸を心がけ、落ち着きのある丁寧なお辞儀を意識しましょう。

実は初対面のときほど「見られている」

第一印象は見た目が9割

初対面のときの印象というのは、強く残ります。そしてその印象は覆《くつがえ》りにくいものです。だからこそ、**「何を話すか」以上に、「どのように話すか」**を意識しましょう。私はいつも研修などで、「話を聞かれていると思うより、見られていると思って話してください」と伝えています。

「人の第一印象は、9割が見た目で決まる」という言葉があります。

これは、五感のうち視覚から得る情報が最も多いからだと言われています。ここで言う「見た目」には、服装や髪型、清潔感などの身だしなみはもちろん含まれていますが、それ以上に「姿勢」と「表情」が重要です。

どんなに意欲のある言葉を並べても、見た目にそれが表れていないと、本当に意欲があるようには感じられません。**言葉と見た目の印象が一致していない場合、人は見た目の印象に引きずられます。**どんな姿勢で、どんな表情で話すかによって、同じ話でも、伝わり方はまったく違うものになるのです。第一印象は、会った瞬間に決まります。ですから、初対面のときほど、「見られている」という意識を持つことが大切です。

姿勢を整えると環境が変わる

まずは、「姿勢」について解説していきます。

研修を受講される方々を見渡すと、姿勢のよい人はそれほど多くはありません。そのため、まずは姿勢を変えてもらうようにしています。するとそれだけで、研修に向かう意識がまったく違ったように見えます。見た目から意欲が感じられるのです。そうすると、講師である私も一層気持ちが引き締まります。

不思議なことに、姿勢を整えると心がついてきます。背筋を伸ばし、丹田《たんでん》（おへそのあたり）に力を込めると腹が据わり、自然と目の前のことに真摯《しんし》に向かう気持ちになります。

姿勢を変えることで、より前向きな気持ちになるのです。

また、こんな嬉しい体験談もあります。私の講座の受講生が、どんな気持ちの朝も必ず姿勢を整え、顔を上げて仕事を始めることを心がけたそうです。すると、自分自身の仕事に向き合う気持ちが変わっただけでなく、同僚から、「実は毎朝あなたを見て、自分も頑張ろうという気持ちになっていました。ありがとう」とお礼を言われたそうなのです。

姿勢を正すだけで心が整います。周りの人も自然と姿勢を意識するようになるなど、ポジティブな影響を受けます。あなたの姿勢が、周囲の雰囲気や態度に変化をもたらすのです。すると、あなたを取り巻く環境が前向きなものに変わっていきます。**姿勢一つで、あなたの周囲に変化を与えることができる**のです。

基本の正しい姿勢

ここからは、印象をよくする姿勢のつくり方を紹介していきます。

基本の正しい立ち方をマスターするために、まずは壁を背にして両膝を合わせ、かかとつま先をそろえて立ってみましょう。つま先は少し開いても問題ありません。後頭部、肩、お尻、ふくらはぎ、かかと、すべてが壁につくように立ちます。上半身をしっかりと引き上げ、丹田に力を入れ、お尻を内側に締めます。横から見ると、耳、肩、骨盤、くるぶしが一直線になります。

座っているときも同じです。背筋を伸ばした、美しい姿勢をキープしましょう。

仕事に集中しているときや、パソコンの画面にくぎづけになっているときは、つい姿勢が崩れがちです。お腹の力が抜け、猫背になっていたりしませんか？　仕事中の姿勢は、仕事への向き合い方にそのまま通じます。

座り方のポイントは次の3つです。

・骨盤を立て、丹田に力を入れる
・足はそろえる
・下を向きすぎない

背筋が真っすぐ伸びた姿勢は、誰が見ても美しいものです。背もたれはないものだと思って座りましょう。長時間座る場合はもちろん活用してもいいのですが、普段からもたれないように意識して座っていると、それが習慣になっていきます。また最近は、「スマホ首」と呼ばれる、首だけが前に出ている人も多く見かけます。首を後ろに引くように意識しましょう。

入社して間もない頃や若手の間は、不安なことや自信が持てないこともあるでしょう。そんなときこそ、あえて姿勢をよくしてみてください。背筋を伸ばして胸を張る、丹田に力を入れる。そうした姿勢は頼もしい印象を与えるだけではなく、実際に自信を高めてくれる効果もあるのです。心と身体はつながっています。姿勢から心を引っ張り上げることもできるということを、ぜひ心に留めておいてください。

「話しかけやすい顔」をつくると人が集まってくる

表情一つで声をかけられる回数は大きく変わる

32ページで、第一印象をよくするためには、「姿勢」と「表情」が大切だと紹介しました。では、なぜ「表情」が大切なのでしょうか。

表情は、あなたの感情や考えを非言語で伝える重要な手段です。

ところが多くの人は、普段の自分の表情には無頓着です。人と話すときや大事な場面では誰しも意識をするのですが、それ以外のときは無表情や真顔でいることが多いのです。

不意に撮られた自分の写真を見て、驚いた経験はありませんか？　私も、自分が想像以上に険しい顔をしていて驚いたことがあります。真顔は意外と怖い表情をしており、普段から意識していないと、その顔がデフォルトになってしまいます。人が見ているのは真顔のほうです。

人は声をかけるとき、無意識に話しかけやすい人を選んでいます。社会人になるとさまざまな場で、多数の人と交流する機会があります。自分からどんどん積極的に声をかけることのできる人はよいですが、なかなかハードルが高い人も多いと思うのです。

そんなときは、まず自分自身が話しかけやすい空気を纏《まと》うことを意識してみましょう。周囲と人間関係を築こうと思うと、話し上手にならなければ……と考える人も多いのですが、**「話しかけやすい人」になることも、コミュニケーション上手になるための第一歩です。**

「話しかけやすい人」に近づくための最も簡単な方法は、口角を上げることです。口角に少し力を入れて、1～2ミリ上げる。たったこれだけで表情が変わり、話しかけやすい雰囲気が出ます。

話しかけやすい雰囲気を纏えば、声をかけられることが増えます。初対面の人にも安心感を与え、話も弾むでしょう。良好な人間関係を築く第一歩となります。

「い」で終わる言葉を口にすると表情が明るくなる

口角を上げるには、頬の筋肉が重要です。普段からよく会話をしたり、口をあけて笑ったりしていないと、口の周りの筋肉が衰え、口角が下がります。また、姿勢が悪く猫背になっていたり、スマートフォンやパソコンなどを見て下を向いている時間が長くなったりすると、首やあごが前に出ることで口角が下がりがちになります。普段から姿勢を意識し、口周りをしっかり動かしましょう。

口角が自然と上がる、おすすめの練習があります。

「嬉しい、嬉しい、嬉しい」と、３回声に出してみてください。だんだんトーンを上げながら発声すると、なお気分が上がります。「美味しい、美味しい、美味しい」「楽しい、楽しい、楽しい」「ラッキー、ラッキー、ラッキー」でもＯＫです。

「い」で終わる前向きな言葉を意識して口にしていると、自然と口角が上がり、周りの人に見せる表情も変わってきます。

話しかけられる機会が増えれば、それだけ会話をするチャンスも増えます。自分から話しかけるのは苦手という人こそ、日頃の表情を意識することから始めましょう。ほんの1~2ミリ口角を上げるだけで表情が変わり、声をかけられることが増えます。

日本人は「目」で感情を伝える

相手の目を見てよいのは「2秒」まで

口角をマスターしたら、次は目線にも意識を向けましょう。

目を見ることは人と会話をするときの基本ですが、目を見ることが苦手な人もいれば、意識するあまり、じっと見つめてしまう人もいると思います。長く見つめてしまうと、かえって相手を萎縮させ、居心地を悪くさせてしまうこともあります。会話で居心地のいい雰囲気をつくるためには、**相手の目をじっと見てよいのは2秒程度**と考えましょう。

会話をするときは、基本は相手の顔全体を見ます。額から首元くらいまでを見るようにしましょう。眉間のあたりを見ると目を見る印象に、額を見ると目線がわずかに上がって明るい印象に、鼻のあたりを見ると柔らかな印象になります。

また、頷《うなず》いたり、書類を見たりして縦の範囲で目線を外すと、目をそらしたような失礼な印象になるのを防ぐことができます。目だけを見なくていいと思うと、少し楽になりませんか。

「これだけは伝えたい」というときは目で訴える

相手の目を見つめるのに適したタイミングもあります。それは、自分の思いを伝えたいときです。「これだけはわかってほしい」「ここは大切なポイントだからしっかり伝えたい」「このお願いを聞いてほしい」など、仕事をしていると、「ここぞ」というタイミングがあります。そんなときに効果的なのが、「まばたきをしないこと」です。**目にしっかりと力を込めて、相手をグッと見つめて話をすると、真剣さや思いの強さがより伝わります。**

海外の人は口元を見て気持ちを読み取ろうとしますが、日本人は、目から気持ちを読み取る傾向が強いと言われています。「目は口ほどに物を言う」という言葉がありますよね。相手が何も言わなくても、目を見れば気持ちがわかるという意味です。目が語ること、目で伝えられることはたくさんあります。

ここぞというときは、目をしっかりと見開いて、目の奥に少し力を入れる。そして、まばたきをせずに相手をしっかり見て伝える。目の表情から気持ちを読み取る機会が多い日本人だからこそ、この「目で訴える」ということをぜひ意識しましょう。

話し方で思いやりを表す

ゆっくり話すことは相手への思いやり

姿勢や表情の次は、話し方をレベルアップしていきましょう。話し方で特に大切なことは、「スピード」と「声の大きさ」です。

まず、「スピード」ですが、少しゆっくり話すことを意識します。緊張して早口になってしまう人がいますが、とてももったいないです。早口だと、気持ちも焦ってしまい、余計に緊張しやすくなってしまいます。また、感情を込めて話すことも難しいので、人の心に残りません。ゆっくり話すことで、感情やニュアンスをより効果的に伝えることができますし、自分もリラックスして話すことができ、相手にも落ち着いた印象を与えます。

　また、早口で話すと、聞いている側は、話を聞き取って頭の中に落とし込む時間が少なくなるため、より理解が難しくなります。特に、複雑な内容や新しい情報を伝える場合は、相手の理解が追いつけないことがあります。質問や意見を挟む余裕もなくなり、一方的なコミュニケーションになってしまいます。これでは、よい関係は築けません。重要な内容を伝えるときこそ、相手が反応しやすいように、ゆっくりと話すことが大切です。

　ビジネスは相手があってこそ成り立つもの。相手目線のスピードで話すことが非常に大切なのです。つい早口になってしまうという人は、**心の中で句読点を打つつもりで話してみてください。**スピードも伝わりやすさも自然と変わり、格段に印象がよくなります。

声の大きさは相手への気遣い

　次に「声の大きさ」ですが、これは、相手が聞き取りやすいボリュームを常に意識して話すことが大切です。

　早口と同様に、小さい声も聞き取りづらく、話をたどるのもひと苦労です。相手の聞く気がなくなっても仕方がありません。覇気がないように見え、自信も感じられません。説得力に欠けますし、聞く側に不安も与えます。また、電話応対のときも、小さな声だとトラブルが起こる確率が高まると言われています。

声が大きすぎると威圧感を与えることがありますが、小さくても聞き取りづらいため、適度なボリュームは必須です。話をするときは、相手が安心して聞き取り、聞き返す必要がないように、しっかりとお腹の底から声を出しましょう。会議やプレゼンテーションでは、全員に声が届くように普段より少し大きめの声で話すなど、話を届けたい人数に合わせてボリュームを調整します。

声の大きさは自信の表れであり、相手への気遣いです。

気をつけるだけで印象が変わる3つのポイント

ほんの少しの心がけで好印象に変わる

話すスピードや声の大きさのほかに、話すときに気をつけていただきたいことがあります。それは、①D言葉を使わない、②小さな「っ」を使わない、③語尾を伸ばしたり上げたりしない、の3つです。1つずつ見ていきましょう。

①D言葉を使わない

D言葉とは、「だって」「でも」「どうせ」といった、Dから始まるマイナスイメージが強い言葉です。

「でも、それだとこの前と話が違います」「どうせ、その納期には間に合わないでしょう」「ですが、それは難しいです」「だって、連絡がきていなかったので……」。

こうした言葉を使うと、どうしてもその後には、否定的な話や言い訳が続きます。よい方向に話が進んでいきません。言葉は考え方にも影響を及ぼしますから、自分の成長も妨げます。プライベートで使っていると、ビジネスの場で出てしまうこともありますので、普段からD言葉は使わないよう意識しておきましょう。

②小さな「っ」を使わない

周りの人に感謝したり、程度を強調したりするときに、「すっごく」「とっても」という言葉を使うことがあるかと思います。これらの言葉を日常会話で使うのは問題ないのですが、**ビジネスシーンで多用すると、幼い印象を与えてしまいます。**このような場合は、「非常に」「とても」といった言葉を使うようにしましょう。ほんの少し言い換えただけですが、丁寧になり、落ち着きが感じられます。

小さい「っ」を含む言葉の代表的なものを、次に紹介します。下の言葉に置き換えて使えるようになるとスマートです。

・あっち、こっち、そっち、どっち　↓　あちら、こちら、そちら、どちら

・ちょっと　↓　少し、少々
・さっき　↓　先ほど
・やっぱり　↓　やはり
・きっと　↓　おそらく
・やっと　↓　ようやく
・もっと　↓　さらに

③語尾は伸ばしたり上げたりしない

「おはようございま〜す」「ありがとうございました〜」「それで〜」など、普段の会話の中で語尾を伸ばしながら話す人が周りにいませんか。「〜ですぅ」と語尾を上げる人もいるかもしれません。

本人は無意識で使っているため、気づいていないでしょうし、癖なのかもしれません。しかし、聞いている側からすると、意外と気になるものです。小さな「っ」と同じように、幼い印象も与えてしまいます。語尾はすっきりと切り、上げないようにしましょう。そのほうが知的で爽やかに感じられますし、信頼感も増します。

こうした話し方の癖は、自分では気づくことが難しく、意識しない限り、なかなか改善することができません。入社1～3年目までの経験年数が浅い間は大目に見てもらえますが、4年目、5年目と、キャリアを重ねているのにいつまでも残念な話し方をしていると、どんなに仕事ができても、マイナスの印象を持たれてしまいます。

人間関係においては、一度マイナスのイメージがつくと、挽回するのに時間がかかります。そのため、**特にビジネスシーンでは、マイナスの印象を与える要素をいかに減らすかが大切なのです。**「はじめに」でもお伝えしましたが、言葉遣いは「信頼」に直結します。

ほんの少しの心がけで防げることを実践しないのは、とてももったいないことです。先ほどお伝えした3点を意識することで、話し方に変化が出て、自分の印象を改めることができます。ぜひ今日から実践してまいりましょう。

話すときは「しぐさ」も見られている

手にも表情がある

前述したように、話をするときは、話す内容ももちろん大切ですが、「どのように話しているか」を見られています。特に、手の動きは思っている以上に目につきます。そのため、手の表情まで意識しながら話すようにすると、より好ましい印象を持ってもらいやすくなります。

たとえば、はじめて会う人とお話しするときは、手のひらが相手に見えるようにしましょう。手のひらを見せる行為には、手の内を見せるという意味合いがあります。「**心を開いて、あなたのために話している**」**という印象を与える**のです。そのため、相手が警戒心を解きやすくなる効果が期待できます。

「これだけはお願いします」と強調したいときは、胸に手を当てて話すと、自分の心が落ち着きます。そうすると、自然と、ゆっくりと落ち着いた話し方になります。また、見ている側も、心からの言葉を伝えているのだなという印象を抱きます。そして、真剣に話していると受け取ってもらえるため、説得力が増し、相手に希望が伝わりやすくなるのです。これは、話を聞くときや、物事を引き受けるときも同様です。真摯に受け止めているように見えるため、安心感や信頼につながります。

また、会議やプレゼンなどで、ここは特に重要だからしっかり話を聞いてもらいたい、というときには、人差し指を一本立てて話しましょう。人差し指を立てることで、相手の目線を指先に集めることができ、注目して聞いてもらえます。胸元に立てると控えめな印象に、顔の横の高さだと自信が伝わります。口元に立てるとより話に注目してもらえるなど、指の位置によって印象が変わります。

また、いくつかポイントがある場合、「ポイントは3つあります。1つ目は……、2つ目は……」と、指で数えながら話を視覚的に示すこともできます。しぐさが与える心理効果は、意外と大きいのです。

オンラインではリアクションを３倍に

オンラインで会話をするときは、オフラインのとき以上にしぐさに気を配りましょう。オンラインはバストアップの範囲しか映らないため、得られる情報に限りがあります。だからこそ、リアクションを大きくすることで、コミュニケーションをより円滑にします。

具体的には、次のような方法があります。

・意見に賛同を示したいとき　↓　拍手をする
・意見を言いたいとき　↓　「はい」と言って挙手をする
・話を聞いていることを伝えたいとき　↓　大きく頷く
・お礼を伝えたいとき　↓　「ありがとうございます」と言って会釈をする

いずれも些細《ささい》なことですが、ほんの少し意識することで、伝わりやすさや印象が大きく変わります。言葉だけですべてを伝えようとしなくてもよいのです。しぐさも効果的に使っていきましょう。

「話し上手」よりも「聞き上手」のほうが成長する

「聞いている」ことをアピールする

ここまで、話すときに気をつけたいポイントについてお伝えしてきましたが、入社して間もない頃は、「話し上手」よりも「聞き上手」を目指しましょう。**ビジネスシーンでは、傾聴力があればあるほど、成長します。**仕事の進め方やコツなどについて先輩や上司から教わる機会が圧倒的に多いため、聞き上手のほうが、ためになる情報をより引き出せるからです。

聞き上手の基本は、次の4つです。

・相づちを打つ
・最後まで聞く

・メモを取りながら聞く
・質問をする

さらに効果を高める「聞き方」があります。

32ページで、話は聞かれているのではなく「見られている」とお伝えしました。それは話を聞くときも同様です。どれだけ話を聞いているかということは、話している側にはわかりません。だからこそ、話を「聞いています」ということが見てわかるように、外側に表現することが大切なのです。どんな様子で聞いているかによって、話し手のモチベーションも変わります。**自分の聞き方次第で、相手の話をより引き出すことができるのです。**

では、「聞いています」ということを表す方法をいくつかご紹介します。

声をかけられたときは胸を向ける

立っているときは、必ず身体を相手に向かって正対《せいたい》させて、話を聞きます。また職場では、会議や打ち合わせなどで、着席した状態で声をかけられる機会も多いでしょう。そのときは、顔だけを向けるのではなく、胸から向けてください。わずかな違いですが、より相手の話を真摯に聞く姿勢になります。

もしみなさまが上司に声をかけたとき、何かをしながら、顔も見ずに返事をされたらどう感じるでしょうか？　顔だけでも向けてくれたら少しは違うでしょう。ですが、座っていたとしても、椅子を回転させて胸から向けてくれると、自分に真剣に向き合ってくれている気がして、嬉しいですよね。顔だけでなく胸まで相手に向けることで、心から向き合おうとしている姿勢が伝わります。

私はよく研修などで「**胸までがあなたの顔です**」と伝えています。座っている状態で声をかけられたときは、ぜひこの言葉を思い出してほしいと思います。

身体を傾けて距離感を縮める

さらに、話を聞くときに効果的なのが、**相手に向かって少しだけ身体を傾けること**です。これは、立っているときも座っているときも同じです。上体を少し傾けると、相手の空間に近づきます。そうすると、「この人は自分の話に興味を持ってくれているのだな」と感じてもらうことができます。自分が話しているときに、身体を後ろに反らして話を聞かれるとどのように感じるかを考えると、よくわかるでしょう。

いきなり相手の領域に入り込むと、距離感が近すぎて嫌悪感を抱かれてしまいますが、ほんの少しだけ相手の空間に入ることで好感を持ってもらいやすくなり、心の距離が縮まります。

「距離を縮める」という意味では、手を見せることもおすすめです。

１つ前の項で、手にも表情があるとお伝えしましたね。ここで質問です。テーブルを隔てて対面で座っているときの手は、どこに置くといいと思いますか？　膝の上に置いたほうが、きちんとした感じがするでしょうか。

実は、膝の上に手を置くと、相手からは見えないため、本心が見えづらい印象を与えます。そのため、相手を不安な気持ちにさせてしまう可能性があります。手はテーブルの上に出すほうが、「あなたの話が聞きたい」という姿勢が見て取れるため、視覚的にも相手との距離を縮めることができるのです。

相づちは二語で打つと気持ちが伝わる

話の内容に合わせて、相づちを打つことも大切です。

相づちには、「はい」「そうなんですね」「それは〇〇（「素晴らしい」などの感想）ですね」「おっしゃる通りです」といったものがあります。また、その前に、「わあ！　そうなんですね」「へぇ、知りませんでした」などの感情を伝える言葉を加えると、より気持ちが伝わります。

また、**言葉を使わなくても、頷いたり視線を合わせたりすることで、相づちを表現することができます。**

ここでご紹介した方法は、いずれもすぐに実践できるものばかりです。ぜひ今日から実践して、習慣にしてしまいましょう。今まで以上に会話が盛り上がり、相手との関係にも必ず変化が出るはずです。

第2章

好かれる人になるための「敬語」の使い方

社会人になると、社内外で年齢や立場の異なる人たちと接する機会が増えます。正しい敬語を用いることで、社内でのコミュニケーションが円滑になり、仕事がスムーズに進みます。また、社外でも恥ずかしくない対応ができるため、同じ部署の上司や先輩を安心させ、顔を立てることにもつながります。場面ごとにふさわしい敬語を身につけ、周囲に味方を増やしましょう。

敬語で重要なのは「伝えようとする姿勢」

最初から完璧に話せなくても大丈夫

「敬語」と聞いて、みなさまはどんな印象を持つでしょうか。「堅苦しいもの」「なぜ使わないといけないのかわからない」「使い分けが難しい」など、いろいろと感じることがあるかと思います。研修で話していても、受講生から「難しい」という声をよく聞きます。

敬語についてみなさまに知ってもらいたいのは、**最初から完璧に話そうとする必要はないということ。**それよりも、**敬語を通して相手に敬う気持ちを伝えようとする姿勢が大切だということ**です。

先日、パソコンメーカーに問い合わせの電話をしたところ、担当の人が流暢《りゅうちょう》な言葉遣いで対応してくれました。ですが、言葉の端々から「またそんな質問ですか」という空気感が伝わってきます。電話は耳からの情報しかキャッチできないため、より感覚が研ぎ澄まされます。この人は、問題を解決してくれるけれども、困っている人の気持ちに寄り添ってはくれないのだなと感じて、とても残念な気持ちになりました。

別の日に電話すると、今度は日本語を母国語としない人が電話に出られました。少したどたどしい日本語で、聞き取りづらい部分もあったのですが、声から一生懸命な様子が感じられました。相手の困りごとに応えたいという気持ちが伝わってきたのです。話していて、こちらが応援したくなるような、とても温かい気持ちになりました。

敬語は気持ちを載せる「器」

このように、どんなに流暢な敬語を使っていても、心がこもっていなければ、相手は感じ取ります。顔の見えない電話であればなおさらです。

逆に、**たとえ言葉遣いが間違っていても、相手を尊重する気持ちや大切に思う心があれば、それが伝わり、相手もあなたのことを大切にしたくなる**のです。

人は自分のことを大切にしてくれる人に好感を持ちます。言葉はいわば、気持ちを載せる「器」のようなもの。ですから、気持ちが載っていなければ響かないのです。

まずは、目の前の人への敬意を込めて、積極的に敬語を使っていきましょう。若手のうちは多少間違えてもいいのです。一生懸命に敬語を使って話そうとする、その姿勢があれば、周囲は必ずみなさまに好感を持つはずです。

敬語は何度も口にして自分のものにする

「言葉の筋トレ」で言葉遣いが磨かれる

これは敬語に限ったことではないのですが、言葉遣いは「慣れ」が大切です。研修で、『『話す』の尊敬語は何ですか？　資料に書き込んでください」とお伝えすると、多くの人は正しい回答を書き込むことができます。

ですが、ロールプレイングで実際に口にする場面となると、なかなか難しいようです。頭ではわかっていても、言い慣れていないと、口にすることができないのです。また、「バイト言葉」（81ページで詳しく紹介します）などの間違った敬語も、使わないほうがよいとわかっていても、耳にする機会が多いと、つい口から出てしまいます。

敬語をはじめとする言葉遣いを磨くには、日々のトレーニングが重要になります。筋トレのようなものだと思ってください。一日ですぐにできるようになるのではなく、毎日少しずつ練習していくことで身につきます。ここで、簡単にできるトレーニング法を紹介しましょう。

●言葉遣いのきれいな人と話す機会を作る

職場で敬語をきちんと話せる先輩や上司がいたら、積極的にその人と話す時間を作りましょう。少し会話するだけでも参考になりますし、その人の話し言葉にできるだけ合わせた言葉遣いをするように心がけると、習得が早いです。話し方の経験値も上がり、早く敬語が話せるようになります。

●〝推し〟の人を見つけて真似をする

職場以外でも、「言葉遣いがきれいだな」と思う人を見つけたら、その人の話し方をとにかく聞くことをおすすめします。アナウンサーや俳優でもよいと思います。ラジオや音声メディアなどでその人の話し方に耳を澄ませ、「いいな」と感じる話し方を真似することで、きれいな言葉遣いが自然と身につきます。

●美しい言葉を使っている本を読む

美しい言葉を使っている小説を読んだり、映画を観たりするのも有効です。特に明治〜昭和にかけて出版された本には、きれいな言葉遣いのものが多いですよね。自分の日常では使わないような表現も、こういうシーンで使えるのだと本を通して学ぶことができます。谷崎潤一郎さん、川端康成さん、向田邦子さん、宮尾登美子さんの本などがおすすめです。

今はオーディオブックなどで、本の内容を音声で聞くことができるので、仕事の合間に無理なくインプットすることができます。

●外出先で丁寧に話しかける

言葉は、使ってはじめて自分のものになります。敬語にまだまだ不安があるという人は、デパートやショップで働く店員さんに話しかけてみましょう。お客の立場ですし、相手は知らない人ですから、多少間違えても問題ないですよね。「〇〇〇を見せていただけますか？」などと丁寧に尋ねるだけでも、練習になります。

以上のような方法を通じて、きれいな言葉を何度も聞いて耳慣れ、口にして言い慣れましょう。よく耳にする言葉は、自然と口から出るものです。また、単語で覚えるよりもシーンで覚えるほうが、スムーズに使えるようになります。何度も言いますが、言葉遣いは「慣れ」です。

また、そうした言葉遣いを知れば知るほど、間違った言葉遣いを耳にしたときに、自然と違和感を感じ取れるようにもなります。違和感を感じ取れるということが大切です。間違いに気づいたら、正しい言い回しを確認し、実践する。このサイクルを繰り返すことで、敬語を習得するスピードはどんどん増します。

ぜひいろいろな方法を試しながら、自分の中の敬語表現のストックを増やしてください。そのストックを口にする習慣をつけることで、必要なときに自然と発することができるようになります。

敬語の基本①　相手を高める「尊敬語」

「尊敬語」は目上の人を敬う言葉

ここからは、敬語の基本について伝えていきます。
敬語には、大きく分けて3種類あります。「尊敬語」「謙譲語」「丁寧語」です。

尊敬語とは、相手の動作や状態、物事を高めて表現することで、敬う気持ちを表現する言葉です。主語は相手ですので、ビジネスシーンで使う場合はお客様が対象になるほか、社内であれば役職者（社長や幹部、上司など）に向けて使うことが多くなります。

尊敬語は、主に3パターンあります。1つは「いらっしゃる」「おっしゃる」「召し上がる」などのように、言葉そのものを尊敬の言葉に言い換えるものです。もう1つは、「お話

主な尊敬語のパターン

①言葉そのものが変わる（尊敬の言葉に置き換える）	する→なさる 食べる→召し上がる 言う→おっしゃる
②言葉の前後に「お（ご）～になる（なさる）」をつける	読む→お読みになる 確認する→ご確認なさる
③語尾に「れる」「られる」をつける	持つ→持たれる 会う→会われる

しになる」「ご訪問なさる」のように、動詞に「お（ご）～になる（なさる）」をつけたもの。最後の1つは、「話される」のように、語尾に「れる」「られる」をつけて尊敬語に変化させるものです。尊敬語を細分化すると、上の表の通りです。

動詞の中には、いろいろな表現ができる言葉もあります。たとえば、「社長が食べる」という言葉を尊敬語に直すと、次の3通りの表現になります。

・社長が召し上がる
・社長がお食べになる
・社長が食べられる

このように複数の表現ができる場合、言い換えられる言葉、つまりこの場合であれば「召し上がる」を使うほうがよりスマートです。80ページにまとめている尊敬語の一覧を見ながら、言い換えの言葉を覚えるようにしてみましょう。

尊敬語について研修などでよく聞かれるのは、謙譲語との違いです。そのときは、**「誰の動作なのかに注目しましょう」**とお伝えしています。相手の動作を立てる場合は尊敬語になりますし、自分の動作をへりくだる場合は謙譲語になります（謙譲語については次の項で詳しくお伝えします）。「相手を高める」という意味では尊敬語も謙譲語も同じなのですが、「誰の動作なのか」という点で異なるのです。

「する」を「なさる」に言い換える

では早速、尊敬語を使ってみましょう！……と言っても、なかなか難しいですよね。そこでまずは、簡単だけれども格段に印象がよくなる言葉を紹介したいと思います。それは、**「なさる」**です。「なさる」は、「する」の尊敬語に該当します。

たとえば、あなたの上司が風邪をひいて、早退することになったとします。「お大事にしてくださいね」という言い方を尊敬語に変える場合、どんな言い方になるでしょうか。
「お大事にされてくださいね」でももちろんよいのですが、「お大事になさってくださいね」とするといかがでしょう。少し印象が変わってくると思いませんか？

「される」という言葉も「する」の尊敬語ではあるのですが、「なさる」は、さらに相手に対する敬意が込められた言葉になります。

ほかにも、接客業の人がお客様が手に取った商品を確認する際に、「こちらにしますか?」という言い方を「こちらになさいますか?」に変えるだけで、品が出ます。

ぜひ普段の会話に取り入れてみてください。

敬語の基本②　謙虚さが出る「謙譲語」

「謙譲語」は自分をへりくだり、相手を高める言葉

次に、謙譲語についてお伝えします。

先ほど、相手の動作を立てる言葉は「尊敬語」、自分の動作をへりくだる場合は「謙譲語」と説明しました。もう少し詳しくお伝えすると、謙譲語は「自分や自分の身内（家族、社内の人など）についてへりくだった表現をすることで、相手を高める言葉遣い」と言えるでしょう。主語は自分や身内になります。つまり**謙譲語は、「自分や身内の動作」にスポットライトを当てる言葉**なのです。

謙譲語は、大きく分けて3つあります。1つ目が「申す」「伺う」「拝見する」のように、自分の動作をへりくだる表現に置き換えたもの。2つ目が動作に「させていただく」を加

主な謙譲語のパターン

①言葉そのものが変わる （へりくだる表現に置き換える）	見る→拝見する 食べる→いただく 言う→申す、申し上げる
②動作に「させていただく」をつける	見る→見させていただく
③言葉の前後に「お（ご）〜する」をつける	聞く→お聞きする 届ける→お届けする 案内する→ご案内する 紹介する→ご紹介する

えた言葉。３つ目が動作に「お」や「ご」をつけて「〇〇する／いたす／いただく」のように伝える言葉になります（詳しくは上の表をご参照ください）。

「思います」を「存じます」に言い換える

……と説明されても、なかなかピンとこない人も多いと思います。そこで、尊敬語のときと同様に、簡単に使えて印象が変わる言葉を紹介しましょう。

それは、「**存じます**」という言葉です。「存じます」は、「思います」の謙譲語になります。

たとえば、「ありがとうございます」を「ありがとう存じます」と言うと、いかがでしょうか。きちんとした印象を受けますね。急に言うのは恥ずかしいし、言い慣れないという人は、まずはメールや文書を書くときに使うことをおすすめします。

また「存じます」は、「知っています」という意味でも使えます。人を知っているときは「存じ上げる」、物や場所などを知っているときは「存じる」という使い方をします。

・○○様を知っています　↓　○○様を存じ上げています
・御社の場所を知っています　↓　御社の場所を存じています

「存じます」は、「お目にかかれて大変嬉しく存じます」「光栄に存じます」「申し訳なく存じます」などといろいろなシーンで用いることができてとても便利なうえに、目上の人から好ましく感じてもらえる言葉です。

普段使っている言葉を一言変えるだけでも、話しているときの印象は大きく変わります。ぜひ、「存じます」で言い換えられそうなものから使ってみてください。

敬語の基本③　印象が変わる「丁寧語」

丁寧語は、主語が誰であっても使える言葉

丁寧語は、言葉遣いを丁寧にして相手への敬意を表す言葉です。代表的なものとして、「です」「ます」「ございます」があり、話しかける相手や聞き手に対する敬意を表します。

尊敬語や謙譲語は「誰の動作なのか」という点で使い分けが異なりますが、丁寧語は、動作主はもちろん、相手や話の内容にかかわらず、誰にでも使うことができます。

「知る」という表現一つとっても、尊敬語は「ご存じ」、謙譲語であれば「存じる」「存じ上げる」のように言葉を変化させる必要がありますが、丁寧語は「知っています」のように「です」や「ます」を加えて表現するだけなので、比較的使いやすいでしょう。きちんとした印象を与えることもできるので、マスターしておくと便利です。

敬語の基本④　育ちがよく見える「美化語」

「美化語」は使うだけで上品さが増す

美化語は、言葉を美しく上品に表す言葉です。相手を高めることはありませんが、使うことによって、相手に対して品のよい印象を与えます。

美化語は、大きく分けて2種類あります。**「お」や「ご」をつけ足して表現する「つけ足し型」、別の言葉に言い換えて上品さを表す「言い換え型」**です。

「つけ足し型」の代表例として、「お名刺」「お身体」「ご都合」「ご意見」などがあります。

「言い換え型」の代表的なものは、「お手洗い（トイレ）」、「おいしい（うまい）」、「おなか（腹）」などが挙げられます（カッコ内は元となる表現）。

「お」や「ご」は基本的に、カタカナの言葉や外来語、長い単語にはつけません。たまに

「おビール」「おコーヒー」などと表現する人がいますが、正しくは、「ビール」「コーヒー」です。「運転免許証」や「参加申込書」など、平仮名表記にしたときに長いなと感じる単語にも「お」や「ご」を加えるのはやめておきましょう。そのほかにも、「失敗」「火事」「頭痛」など、よい意味ではない言葉にもつけないのがマナーです。特に「ご失敗されたんですね」などという言い方はしませんので、注意が必要です。

では、どんな言葉に「お」や「ご」をつけるとよいのでしょうか。考え方としては、次の通りです。

①言い換えたときに「あなたの」と表現できるもの
②自分の物事でも、相手に行為が及ぶ場合につけるもの

①の例として、「お名刺」「ご都合」などが挙げられます。「お名刺」は、「あなたの名刺」と言い換えられます。「ご都合」も「あなたの都合」と表現することができます。

②の例としては、「お願い」「お礼」などがあります。「願い」も「礼」も、相手に行為が及びますので、「お願い」「お礼」と表現することができます。メールや手紙などで、「お」

を「御」と、漢字で表現することもあります。

「一番伝えたいこと」を優先する

ところで、美化語を使うときに、注意してほしいことがあります。それは、「多用しすぎない」ということです。美化語は使うだけで品のよい印象を与えることもあり、つい使ってしまいがちなのですが、過剰に使うと真意が伝わりづらくなる側面もあります。**一番伝えなければならないことがぼやけてしまう**のです。中には、美化語を使いすぎることに対して嫌悪感を抱く人もいます。

たとえば、相手を立てようとするあまり、「お客様、お手元のお飲み物を、どうぞお召し上がりになってお待ちくださいませ」というように表現しがちです。その場合はシンプルに「お客様、どうぞ飲み物を召し上がってお待ちください」でも伝わるでしょう。

「お」や「ご」を言葉につけすぎて本当に伝えたいことが伝わりにくいようなら、思い切ってシンプルに表現することも１つの方法です。美化語は必要に応じて選択しましょう。

よくある敬語の間違い① 尊敬語と謙譲語

謙譲語に「れる」「られる」はつけられない

ここからは、敬語を使う際に、特に気をつけたい表現についてお伝えします。

その1つが、尊敬語と謙譲語の混同です。よく、謙譲語に「れる」「られる」をつけて尊敬語にしようとする言い方が見受けられます。これは間違った使い方ですので、注意が必要です。

たとえば、「お客様が申された通りです」という一文を見て、違和感を覚えませんか？「申す」は「言う」の謙譲語です。そのため、「申す」に「れる」をつけても、尊敬語にはなりません。「お客様がおっしゃった／おっしゃる通りです」が正しい尊敬表現になります。「言う」の尊敬語は「おっしゃる」ですので、それをそのまま使うわけですね。

では、「この書類は拝見されましたか」という一文はいかがでしょうか。これは「この書類はご覧になりましたか」が正解です。先ほどの例と同様、「拝見する」も謙譲語なので、そこに「れる」をつけたところで、尊敬語にはなりません。

最後にもう1つ。社内で通りがかりに、自分ではわからないことをお客様から尋ねられたとき、どのように応えるでしょうか。「受付で伺ってみてください」と伝えますか？　違いますよね。正しくは「受付でお聞きください」です。もしくは「受付でお聞きいただけますか」と疑問系にして、丁寧な表現にすることもできます。

「伺う」は「聞く」の謙譲語です。主語が相手のときは、尊敬語である「お聞きになる」に直して表現するようにします。

尊敬語と謙譲語を混在して使うことが多い原因としては、**きちんと知識として身につけていないこと、そして言い慣れていないこと**が挙げられます。次ページの主な尊敬語と謙譲語の一覧表を参考に、尊敬語と謙譲語の違いを確認しましょう。

主な尊敬語と謙譲語

	尊敬語（相手がする）	謙譲語（自分がする）
会う	お会いになる	お目にかかる・お会いする
言う	おっしゃる	申す・申し上げる
行く	いらっしゃる	参る・伺う
いる	いらっしゃる・おいでになる	おる
来る	いらっしゃる・お越しになる お見えになる・おいでになる	参る・伺う
する	なさる・される	いたす
見る	ご覧になる	拝見する
聞く	お聞きになる・お尋ねになる	お聞きする・伺う・拝聴する
着る	お召しになる・ご着用になる	着させていただく
知る	ご存じ	存じる・存じ上げる
食べる	召し上がる	いただく・頂戴する
与える	くださる	差し上げる
もらう	お受け取りになる	いただく・頂戴する・賜る
思う	お思いになる・お考えになる	存じる

よくある敬語の間違い②早めに直したい「バイト言葉」

「よろしかったでしょうか？」はなぜNGなのか

さらに、よくある敬語の間違いとして挙げられるのが、「バイト言葉」です。

バイト言葉とは、接客業などで、アルバイト店員がよく用いる表現です。みなさまも、もしかすると日常的に使っているかもしれません。

注文の確認やお会計をしてもらうときに、「こちらのほうでよろしかったでしょうか？」というフレーズを耳にした経験があると思います。

では、なぜこの言い方はNGなのでしょうか。


問題点は2つあります。1つが「よろしかった」という表現です。「よろしかった」とは、「よろしい」を過去形にしたものです。『広辞苑 第七版』（岩波書店）によると、「よろしい」は『『よい』を丁寧にいう語』とあります。ですから、この言葉を使うこと自体に問題はありません。

問題は、「よろしかった」という過去形にあります。

過去に起こった事柄について「よろしかったでしょうか」と確認するのならともかく、現在進行していることに対して過去形で確認するのはおかしいですよね。本来は「よろしいでしょうか？」が正解になります。

もう1つの問題点は、「〜のほう」という言葉です。「〜のほう」は、2つの選択肢がある場合の表現です。2つの似たような商品があった場合に「こちらのほうでよろしいでしょうか？」と確認を取るのであれば問題ないのですが、比較対象がないときに使うとおかしなことになります。**相手に違和感を抱かせないためにも、確認をとる場合は、「こちらでよろしいでしょうか？」とシンプルに伝えるようにしましょう。**

バイト言葉には、ほかにも誤った敬語表現があります。つい使いがちなフレーズと正しい言い方を次に載せますので、参考にしてください。

・こちらが領収書になります　→　こちらが領収書です
「〜になる」は、変化・移行した結果が出現するときに用います。ここでは「です」を使うほうが自然です。

・5000円からお預かりいたします　→　5000円をお預かりいたします
「〜から」は、「東京から横浜まで」のように場所の起点を表したり、理由を述べたりするときに使います。

・どちらにいたしますか　→　どちらになさいますか
「いたす」は謙譲語のため、目上の人には尊敬語の「なさる」を使います。

・お名前を頂戴できますか　→　お名前を伺ってもよろしいですか
お名前を教えていただけますでしょうか
名前をもらうことはできないため、「頂戴する」は間違った表現になります。「お時間をもらう」のように表現できる場合は、「お時間を頂戴する」と言い換えることができます。

・〇〇様でございますね　→　〇〇様でいらっしゃいますね
「ございます」は丁寧語のため、尊敬語の「いらっしゃいます」を使うほうが敬意を示すことができます。

言葉遣いは「信頼」に直結する

「でも、周りの先輩はそこまで気にしなくていいと言ってくれるし……」と、なぜバイト言葉を使わないほうがいいのか、腑に落ちない人もいると思います。職場によっては、まったく気にしないというところもあるでしょう。けれども、ビジネスの場ではバイト言葉を気にしない人がいる一方で、引っ掛かりを感じる人も存在します。

前章で、ビジネスシーンでは、マイナス要素をいかに減らすかが大切になるとお伝えしました。言葉遣いに引っ掛かりを感じると、そのほかの行動にも疑問や不安を持つようになる可能性があります。きちんとした敬語を使っていれば事なきを得ることであっても、言葉遣い一つで取引がなくなったり、ご縁が切れたりするケースもあるのです。**言葉遣いは、信頼に直結するものだと心得ておきましょう。**

前述したように、入社して間もない頃は、使い方を間違えたり、失敗したりすることがあって当然です。ですが、早い段階で正しい敬語を習得しておくのに越したことはありません。もちろん、言葉は時代によって変化していくものです。一部のバイト言葉が市民権を得る可能性もゼロではありません。ですから、日々いろいろな言葉にアンテナを立てながら、よりよい表現を取り入れていくようにしましょう。

人は、頭では使うのはよくないとわかっていても、よく耳にする言葉を使ってしまうものです。だからこそ、できるだけ美しい言葉を耳に入れることが大切です。そして、先ほど紹介した正しい敬語を意識して使っていきましょう。

よくある敬語の間違い③
「なるほど」は使えない?!

目上の人には使えない言葉がある

３つ目に紹介する、よくある敬語の間違いは、丁寧だけれども、実は目上の人に対して使うには適さない表現です。みなさまも意外と使っているかもしれませんが、目上の人に使うと、波風が立ってしまう可能性があります。

・なるほど　↓　おっしゃる通りです、ごもっともです、私もそのように感じます
「なるほど」には、相手の話を自分なりに咀嚼《そしゃく》して「評価する」というニュアンスがあるため

・了解です　↓　承知しました、かしこまりました

「了解です」は、「承認します」と、目下の人に許可を与えるニュアンスがあるため

・お世話様です　↓　お世話になっております
「お世話様」はフランクな言い方で、敬意があまり感じられないため

・ご苦労様です　↓　お疲れ様です
「ご苦労様です」は目上の人が目下の人を労《ねぎら》う言葉であるため

・ご一緒します　↓　ご一緒させていただきます
お供させていただきます、お供いたします
「ご一緒」は美化語、「します」は丁寧語であり、相手を敬う表現ではないため

・お分かりになりましたか？　↓　ご理解いただけましたでしょうか？
相手を見下す印象になってしまうため

「なるほど」という言葉が目上の人に使えないことを知り、驚いた人も多いのではないでしょうか。「なるほど」は、相手の話や言葉を聞いて、自分も同意見であることや、納得する気持ちを伝える言葉になります。いろいろな人との会話で相づちを打つときによく使うフレーズですよね。ただ、この言葉には、相手の話を自分なりに咀嚼して「評価する」というニュアンスが含まれるので、目上の人に対して使うのは避けたほうがよいのです。

「なるほどですね」という言い方もよく耳にするのですが、「なるほど」に「ですね」をつけても、敬語になるわけではありません。ですから「なるほどですね」も、目上の人にはできるだけ使わないほうが無難です。

「なるほど」と言いそうになったときは、ぜひ「**おっしゃる通りです**」「**確かにそうですね**」「**ごもっともです**」「**私もそのように感じます**」と返しましょう。相手の話を認めたうえで同意していることが伝わるため、好感が持てます。

それでもつい言ってしまった場合は「なるほど」の後に「**なるほど。おっしゃる通りですね**」「**なるほど。ごもっともです**」と言葉を続けると、印象が変わります。

目上の人には「お供いたします」が正解

ビジネスシーンでは、打ち合わせや会食に同行したり、同席したりする機会も多いでしょう。「ご一緒します」という表現は丁寧語ではありますが、目上の人に対する敬語表現としては不十分だとみなされることがあります。お客様や上司などには「ご一緒いたします」「ご一緒させていただきます」と伝えるようにしましょう。間違いなく敬語表現として受け取ってもらえます。

また、「ご一緒させていただきます」だけでなく、「お供いたします」「お供させていただきます」という表現もおすすめです。どちらも非常に丁寧な表現ですが、**「お供させていただきます」のほうが目上の人や上司に対して、より一層敬意を示すことができます。**

もちろん、年次の近い人や職場の先輩など、自分より立場が上ではあるけれども、距離が近い人と会話することもあるかと思います。そのようなときに「お供させていただきます」と言うと、少しかしこまりすぎるケースもありますよね。その場合は、「ご一緒します」でも間違いではありません。相手やシーンに合わせて、最も適した言い方を選択しましょう。

よくある敬語の間違い④
身内に対する敬語

身内の呼び方は、話し相手で変わる

基本的に、上司や上層部の人には敬語を使いますが、例外もあります。それは、外部の人とお話しする中で、自社の人間を紹介したり、話題に出したりするケースです。その際は、役職も外して伝えます。役職名は敬称で、尊敬の意味を持つ敬語の一種です。そのため、社外の人に対して自社の役職者について話すときは、**「○○部長」ではなく「部長の○○」、あるいは「○○」（名前のみ）**としましょう。なお、取引先など、社外の役職ある人を呼ぶときは、役職に「様」をつけず、「○○部長」と呼ぶようにします。

メールでCCに社内の人を入れるときも「○○様（さん）」ではなく「○○」（名前のみ）とします。「To：A商事　田中様　CC：弊社　佐藤」のような形ですね。対面でもメールでも、社内の人を指す場合は敬称略がルールとなりますので、注意が必要です。
では、具体的な例を見てみましょう。

【社内の人に話す場合】高橋部長は14時にいらっしゃいます
【社外の人に話す場合】部長の高橋は14時にまいります
【社内の人に話す場合】鈴木社長はただいま会議に出席していらっしゃいます
【社外の人に話す場合】社長の鈴木はただいま会議に出席しております
【誤】〇〇課長様はいらっしゃいますか
【正】課長の〇〇様はいらっしゃいますか

なお、相手が社内の人のご家族であった場合は、尊敬表現を使います。社外の人に伝える場合は「部長の高橋は外出いたしております」ですが、ご家族には「高橋部長は外出していらっしゃいます」と伝えるようにします。

よくある敬語の間違い⑤ 回りくどく感じさせる「二重敬語」

二重敬語は伝えたいことをぼやかしてしまう

よくある敬語の間違いとして最後に紹介したいのが、「二重敬語」です。

文化庁によると、二重敬語とは、「一つの語について、同じ種類の敬語を二重に使ったもの」とされています。よく聞く事例として、「お見えになられました」「お召し上がりになられました」「伺わせていただきます」といった表現が挙げられます。

なぜ、二重敬語は避けたほうがよいのでしょうか。それは、日本語として不自然な表現だからです。また、二重敬語は回りくどく、わかりにくくなりがちです。「過ぎたるはなお及ばざるが如し」で、過剰すぎると、かえって失礼だと感じる人もいるのです。

では、よく聞く事例のどこが間違っているのか、考えてみましょう。共通するのは、**尊敬語に「れる」「られる」をつけていること。**または、**謙譲語に「させていただく」をつけた表現であるということ**です。いずれも、「れる」などの表現を加えなくても敬語として成立するものばかりです。正しい例を載せますので、参考にしてください。

【誤】		【正】
お見えになられました	↓	お見えになりました
おっしゃられました	↓	おっしゃいました
お召し上がりになられますか？	↓	召し上がりますか？
お話しになられました	↓	お話しになりました
拝見させていただきます	↓	拝見いたします
伺わせていただきます	↓	伺います
頂戴させていただきます	↓	頂戴します

敬語は「普段より少し丁寧に話す」くらいがちょうどいい

二重敬語が生まれる背景には、「丁寧に話そう」とする姿勢があるのではないかと思います。丁寧に話そうとするあまり、本来は必要のない言葉を重ねてしまい、結果として、回りくどい言い方になってしまうのではないでしょうか。

何でもそうかもしれませんが、「敬語を使わなければ」という思いが強すぎると、かえって空回りしたり、過剰な言い方をしてしまったりすることがあります。もちろん、敬語を使おうという姿勢は素晴らしいですし、ぞんざいな言い方をするより１００倍素敵です。ですが、敬語は「普段より少し丁寧に話そう」という意識を持つくらいでちょうどよいのかもしれません。**肩の力を抜いて話すと、自然と不要な表現は削ぎ落とせるようになります。**

敬語に少しずつ慣れてきたら、徐々に「使える表現を増やす」ことを意識していきましょう。そのうちに、自然と口をついて出てくるようになっていきます。

次ページの表に、覚えておきたいフレーズを載せています。

覚えておきたいフレーズ

知っていますか	ご存知ですか
分かりました 了解です	承知いたしました かしこまりました
ほしいです	いただきたいのですが
もらいます	頂戴します 頂戴いたします
今、いいですか	今、ご都合はよろしいでしょうか
今、行きます	ただいま、参ります
待たせてすみません	お待たせして申し訳ございません
お待ちください	お待ちいただけますか
すみません	申し訳ございませんでした 失礼いたしました
どうも	恐れ入ります

まずは自身が仕事でよく使う言葉を選んで、繰り返し口にしましょう。1つでも丁寧な言葉を織り交ぜると、きちんとした印象になります。

まずは言えるもの、言いやすいものだけでもよいので、何度も使うことが大切です。

「おっ」と思われる好感度フレーズ

敬語に「思いやり」を乗せて表現する

ここまで、よく使う敬語表現についてお伝えしてきました。ここからは、ビジネスシーンで役立つ、印象がワンランクアップする伝え方を紹介します。よく使われる敬語を少しアレンジするだけで、より敬意や気遣いの伝わる話し方になります。

●相手の訪問に対するお礼の伝え方

職場でお客様をお迎えする場合、訪問してくれたことに対して、どのようにお礼の気持ちを伝えるでしょうか。特に梅雨などの雨の多い時期は足元も悪く、靴が濡れるなど、訪問する側も普段以上に身なりに気を使います。迎える側も先方のそうした部分に思いを馳《は》せる表現を用いると、思いやりの気持ちがより伝わりやすくなります。

おすすめの表現は、「**お足元の悪い中、足をお運びいただきましてありがとうございます**」です。「雨の中、おいでくださってありがとうございます」でも十分なのですが、紹介した伝え方のほうが、相手に対してより配慮の行き届いた表現と言えるでしょう。

「お越しいただく」と言われるよりも、「**足をお運びいただく**」、あるいは「**ご足労いただく**」と言われると、より心遣いを感じます。

●着席をすすめるときの伝え方

お客様に着席をすすめる場合は、「**どうぞお掛けください**」という表現を使いましょう。

「どうぞお座りください」を使う人も多いのですが、「お座り」という言葉は、犬のしつけでも使われる言葉です。しつけを「する側」と「される側」という関係性が連想されます。

そのため、目上の人や来客に用いるのには適していません。この表現はほんの少しの違いですが、知っておくと一目置かれます。

●食事をする際の表現

来客時、お茶菓子などをすすめるケースがあるかと思います。職種によっては、お得意先と会食をする機会もあるかもしれません。そのようなときに、どのように声掛けをするとよいでしょうか。「どうぞお上がりください」「どうぞ召し上がってください」に一言プラスして、「**温かいうちに／冷たいうちにどうぞ召し上がってください**」などとすると、より心遣いが伝わります。ほかにも「**ご遠慮なく**」「**お口に合うとよいのですが**」「**お気に召すとよいのですが**」などを加えることもできますね。

食事やお菓子、お茶を出される立場では、相手への敬意を込めて「いただきます」と言うことが多いと思います。「いただきます」でも十分ですが、相手が目上の人や取引先などの場合は、「**頂戴いたします**」とするとより丁寧です。

ほかにも、「お昼ご飯はもう食べられましたか？」などと聞かれるケースがあると思います。その場合は、「はい、お昼ご飯は食べました」と伝えるよりも、「**はい、食事はもう済ませました**」という表現のほうが、品があります。

●去り際をどう表現するか

みなさまは取引先などを訪問した場合、退出する時間になったことをどのように伝えるでしょうか。「そろそろ帰ります」だと、あまりにも直接的です。「**そろそろ失礼いたします**」が丁寧で、ビジネスの場にふさわしい表現です。さらに、「**そろそろお暇《いとま》させていただきます**」とすると、より洗練された敬意の伝わる表現になります。「お暇する」は、訪問した側が立ち去る際に使う言葉で、ビジネスシーンはもちろん、プライベートの少し改まった場面でも使えます。

また、ゲストを迎える立場から「そろそろお帰りください」と言うのはなかなか難しいものです。必ず訪問した側から切り出すようにしましょう。

アポイントメントを取るときは、お互いの関係性にもよりますが、「**1時間ほどお時間を頂戴いたします**」「**14時から15時までお邪魔いたします**」といったように、滞在する時間の目安をある程度決めておきましょう。そのほうが、相手もその後の予定を組みやすくなります。そういったところまで配慮できると、スマートですね。

敬語を引き立たせる言葉

次ページの表には、敬語をさらに引き立たせる基本用語を載せています。**言葉を１つ変えるだけで、その後に続く言葉もきれいになっていきます。**

たとえば、普段は「わたし」と名乗っているところを、「わたくし」と言い換えてみます。すると、「わたくしは14時に行きます」よりも、「わたくしは14時にお伺いいたします」のほうが自然と口に出てくると思います。言葉を変えてみるだけで、その前後の話し方まで変わってくるのですから面白いですね。もちろん、職種や場面によって「わたくし」がふさわしい場合と、「わたし」のほうがよい場合があるでしょう。言葉遣いも、その場に応じたものを選んで使っていきましょう。

敬語を引き立たせる言葉

わたし・僕	わたくし	今日 （きょう）	本日
わたしたち	わたくしども	明日 （あす）	明日 （みょうにち）
誰	どなた	明後日 （あさって）	明後日 （みょうごにち）
どこ	どちら	昨日 （きのう）	昨日 （さくじつ）
今	ただいま	一昨日 （おととい）	一昨日 （いっさくじつ）
あとで	のちほど	明日以降	後日
さっき	さきほど	明日の朝	明朝 （みょうちょう）
もうすぐ	まもなく	明日の夜	明晩 （みょうばん）
今度 （こんど）	この度 （このたび）	昨日の夜	昨夜 （さくや）
すごく	とても・大変 誠に	今年	本年
すこし ちょっと	少々	去年	昨年
どう	いかが	いくら	いかほど

第3章

柔らかな印象をつくる「言い回し」

ビジネスシーンでは、周囲の人の力を借りて仕事を進めることが欠かせません。依頼したり、感謝したり、謝罪したりと、さまざまな場面で適切な言い回しが求められます。

この章では、物事がよりスムーズに進みやすくなる言い回しを紹介します。言葉の選び方や話し方で、物事をよりよい方向へと進めることができます。

親しみやすさや愛嬌で可愛がられる人に

伝え方で結果は変わる

社会人として信頼されるために、きちんとした敬語が使えることはもちろん重要です。ですが、親しみやすさや愛嬌も、実は働くうえでとても重要な要素です。親しみやすく、愛嬌がある人は可愛がられます。特にこれから仕事をどんどん覚えていく段階では、可愛がられる力はあったほうがよいですよね。そうすれば上司や先輩から、アドバイスをもらえる機会も増えます。

また、相手にスムーズに受け入れてもらえる、感じのよい柔らかな言い回しができると、仕事がさらに進みやすくなります。**同じことを伝える場合でも、伝え方で結果は変わるのです。**「距離感をはかるのが難しい」「今までに愛嬌があると言われたことが一度もない……」という人でも大丈夫です。言い回しなどを工夫することで、失礼にならずに、親しみやすさや愛嬌を感じてもらうことは十分できます。言葉の筋トレでしっかりとマスターしていきましょう。

言葉はなるべく崩さない

きちんとした言葉遣いばかりだと、「相手に堅苦しい思いをさせていないか心配」「相手との距離が縮まらない気がする」と思う人もいるでしょう。確かに、より深い人間関係や信頼関係をつくるためには、相手との距離を縮めることは大切です。何度も接するうちに、フランクに付き合えるようになれば、リラックスして話せるようになりますよね。会話がスムーズになると本音を語りやすく、ビジネスの場では、相手のニーズをより正確に把握できるようになるでしょう。

ただ、相手の様子を見ながら失礼のないように接することは、実はとても高度な技です。きちんとした敬語が身についているからこそ、その場の状況に合わせて、相手に不快感を与えない崩し方ができるのです。

基本的な言葉遣いを身につけたうえであえて崩している人と、はじめから敬語が使えない人とではまったく違います。

特に相手がお客様の場合、いつも以上に注意が必要です。砕けた話し方に親しみを覚える人がいる一方で、急に話し方を変えると「え？　この人、なんだか急になれなれしく話すようになったな」「私がお客ということを忘れているのでは」と違和感を覚える人も少なくありません。実際、研修の受講生に、このような経験はありますかと伺うと、「あります」と答える人が多くいらっしゃいます。すすんで言わないだけで、多くの人は引っ掛かりを感じているのです。

人の感じ方は十人十色です。怒って指摘するほどのことではなくても、「なんとなく引っ掛かるな」と、**相手が少しでも違和感を覚えると、その後の仕事に差し障るリスクがありますし、そっと去っていかれることもあります。**

また、特定のお客様にだけ親しげな会話をしている様子は、ほかのお客様が見ていて、あまり気持ちのよいものではありません。場合によっては疎外感を抱いてしまいます。若手のうちは、まずは敬語をきちんと使いましょう。親しみやすさを出したいときは、言葉を変えるのではなく、「言葉以外」の部分を工夫します。

最初と最後の挨拶は丁寧に

お客様とフランクな会話をするのであれば、**最初と最後の挨拶は、必ず最上級の敬意を持った言葉を使います。**そうすると、合間で少し砕けた会話があったとしても、きちんとした線引きができていると感じてもらえます。

たとえば美容室などのサロンで、スタイリストさんとの会話が多少フランクだったとしても、見送りの際に「〇〇様、本日はお足元の悪い中お越しいただき、誠にありがとうございました」と丁寧な挨拶とお辞儀をされたら、「(自分のことを) きちんとお客として見てくれているのだな」と感じられるでしょう。

声のトーンや温度感を相手に合わせる

また、相手との距離を縮めるには、**声のトーンや温度感を合わせることも**大切です。

相手の人が早口であれば、自分も少しだけスピードを上げて話し、相手がゆっくりと話す人であれば、少し速度を落とします。あくまでもさりげなく、ほんの少し歩み寄るくらいでよいのです。

テンション高く話している人や、熱意を持って語っている人に、淡々と返すのはどうでしょうか？　やはり同じようにわくわくしながら、テンションを少し上げて会話をするほうが感じがよいですね。逆に、厳しい話や辛い話をしているときは、こちらもトーンを落とします。相手と同じような温度感で話すことで、気持ちに寄り添う姿勢が伝わります。

もちろんいつも合わせる必要はありません。相手が怒りで興奮していたら、こちらはできるだけ落ち着いて話すことが必要な場合もあります。

相手の話し方にさりげなく合わせる工夫は、相手を思う心遣いが根底にあるからこそできることでもあります。慣れてくれば、目に見えない心地よさが生まれ、話がしやすくなります。なぜだかこの人と話すのは心地よいと思ってもらえるでしょう。

時にはストレートな感情表現で「素」を見せる

時には、感情を思い切って素直に出しましょう。たとえば、職場の上司や先輩と食事に出かけたとき、料理が出てくる前後はきちんとした言葉遣いをしていても、感想を伝えるときはストレートに話すと、自然と親しみやすさが出ます。具体的には、「わあっ！　このハンバーグ、美味しい！」と感想を言った後に、「連れてきていただいて、本当にありがとうございます」と、丁寧に伝えます。

「美味しい」「嬉しい」「楽しい」「すごい」など、プラスの感情を抱いたときは、素直に表現してみましょう。

相手の話に反応すると記憶に残る

相手の話にしっかりと反応を示すことも、愛嬌を感じてもらううえでは重要です。リアクションがある人は喜ばれます。

ある大学の新入生の前でお話しする機会をいただいたときに、とても嬉しいリアクションを返してくれる学生さんがいました。こちらが話をするたびに、大きな声で返事をしてくれたり、深く頷いたり、拍手をしてくれたりするのです。手を挙げて積極的に意見も述べてくれました。とにかくニコニコと話を聞き、すべてに反応してくれたのです。

当日の参加者は、お互いに知り合って間もない新入生ばかり。講演中は教室が静まり返る可能性もありました。けれども、その学生さんが折に触れて反応してくれたおかげで、大いに盛り上がりました。講演の後も、「今日のお話、とてもためになりました！」とわざわざ伝えに来てくれて、今でもその学生さんのことは印象に残っています。

自分の話に対してリアクションをしてくれると、嬉しくなるのはもちろんのこと、その場のエネルギーが高まり、場全体が盛り上がります。講演でも研修でも、反応がよい人の存在はありがたく、その人のためにもっと伝えたいと思うものです。もちろん、ほかの人より記憶にも残ります。

また、何かをお願いしたいと思ったときに思い浮かぶのも、反応してくれる人です。

仕事も同じです。自分の話に対してしっかりとなんらかのリアクションをしてくれる人に好意を持ち、「力になりたい」と思うのは自然なことです。何かを依頼したいときに、「あの人ならやってくれるのでは」と思い浮かぶ人にもなれるでしょう。話にしっかりと反応を示すことは、とても大切なことなのです。

言葉の柔らかさは物腰の柔らかさ

大和言葉は角が立たない

柔らかな言葉遣いとして、ぜひご紹介したいのが大和《やまと》言葉です。大和言葉は日本に昔からある言葉で、「和語」とも呼ばれています。中国から伝わった漢語や外来語とはまた違う、響きが柔らかく美しい言葉が多くあります。**大和言葉を使うと角が立ちにくく、相手に対する敬意や配慮がより伝わり、ビジネスコミュニケーションを円滑にする助けになります。**

では、大和言葉の一例をご紹介しましょう。

- ご住所はどちらですか？　↓　お住まいはどちらですか？
- ご協力をお願いします　↓　お力添えをお願いします
- 時間があるときに確認をお願いします　↓　お手すきの際に確認をお願いします

・事前にご連絡をいただければ幸いです　→　あらかじめご連絡をいただければ幸いです
・〇〇様に伝言をお願いできますか？　→　〇〇様にお言付けをお願いできますか？
・恐縮です　→　恐れ入ります
・ご遠慮なく　→　お心置きなく
・感動しました　→　胸を打たれました

いかがでしょうか。こういった柔らかな大和言葉をビジネスメールや会話で使うと、丁寧だけれども堅苦しくない、でも配慮があるといった印象を与えます。相手への敬意を示すことができ、さらにあなた自身や会社の品格まで高めてくれます。

柔らかな言葉を使うことは、物腰の柔らかさにも通じます。より配慮が必要な相手に対応するときにはぜひ使っていきたい言葉です。

ビジネスにはさまざまな場面があります。どういった言葉を使えばよいかということは、状況によって異なるでしょう。より柔らかな心遣いを伝えたい場合には、ぜひこうした大和言葉を活用してみましょう。

「恐れ入ります」は万能の言葉

「すみません」より格段に印象がアップする

いつも「すみません」と話しかけてくる、何か注意すると「すみません」と謝る、手助けしたときも「すみません」と頭を下げる。そんな人が周りにいませんか？

「すみません」はとても便利な言葉です。依頼や呼びかけ、謝罪、感謝などさまざまな場面で使うことができるため、つい口にしてしまう人は多いのではないでしょうか。

ですが、「すみません」という言葉は、ビジネスシーンではカジュアルすぎます。メールや目上の人との会話にはあまり向いていません。

「すみません」の代わりに、目上の人と接するときに使えて、印象もアップする表現として、**「恐れ入ります」**という言葉があります。「恐れ入ります」は大和言葉でもあるので、柔らかさや品も出ます。

「ご尽力いただきまして誠に恐れ入ります」「ご連絡いただき恐れ入ります」のように、お客様や目上の人の行為に対して感謝の気持ちを表すときに使うことができるのはもちろん、「恐れ入りますがご連絡をいただけますか」「恐れ入りますがご確認いただけますでしょうか」のように、迷惑や手数をかける場合に用いると、「申し訳ないのですが」という気持ちを滲ませることができます。「すみません」を使うより、格段に印象がよくなります。

「感謝」と「謙遜」の気持ちを込められる

目上の人からお褒めの言葉をいただいたときに使うのもおすすめです。褒められたときは、「ありがとうございます」とストレートに伝えるのももちろんよいのですが、感謝の気持ちと謙遜の気持ちを込めて伝えたいケースもあるかと思います。そのようなときに「恐れ入ります」と伝えると、きちんとした印象を与えることができます。

「お手すきの際に」は時間のあるときに使える配慮

お願いするときに知っておくと便利な言葉

お願いごとをするときに、より相手のご都合を慮《おもんぱか》る言葉として、「**お手すきの際に**」という表現があります。緊急性はないけれども、誰かに何かをお願いしたいときに知っておくと便利な言葉です。

「お手すきの際にご確認をお願いできますか？」「お手すきの際にご返信をお願いできますでしょうか？」といった使い方をします。

期限に余裕がある場合は「**○月△日までで構いませんので、お手すきの際にご確認くださいませ**」といった形で、一応の目安となる期限を伝えておくと丁寧です。

「お手すきの際に」以外にも、「お時間が許すときに」「ご都合のよろしいときに」「空いているお時間に」「もし余裕がございましたら」と、いろいろな言い換えができます。

緊急性の高いお願いごとでは使わない

これらの表現は、緊急性の高いときには使いません。

期限が短い場合には、「お手すきの際に」ではなく、「**ご多忙とは存じますが、○月△日までに、ご返信いただけますでしょうか?」と、期日を明確に伝えます。**

特に、厳しい期日を目上の人に伝えないとならない場合、躊躇《ちゅうちょ》してしまうこともあるでしょう。ですが、ビジネスにおいて期限を伝えることはとても重要です。

伝えるのが遅いと、トラブルのもとになりかねません。ビジネスの場では、言いにくいことほど早めに伝える意識を持ちましょう。

期日のあるお願いごとをするときは、最初に「恐れ入りますが」「大変申し訳ございませんが」「お忙しいことは重々承知しておりますが」といったクッション言葉（120ページ以降で解説します）を添えて、「ご多忙の中、大変心苦しいのですが、○月△日までに、A

という資料をご確認いただけますでしょうか？」といった表現にしましょう。相手の状況を慮る気持ちを表しつつも、期日をしっかり伝えることが大切です。

仕事では、常に伝えるべきところはきちんと伝えつつ、相手への配慮を忘れない姿勢を大切にしましょう。そのためにも、こうした敬意の伝わる柔らかな表現を身につけておくと、仕事がスムーズに進みやすくなります。

目上の人への「お願いごと」はいつもの「1・5倍」の丁寧さで

お願いごとは「敬意」と「配慮」を大切に

取引先や上司にお願いごとをするときは、いつも以上に配慮が必要です。目上の人であるだけでも頼みづらいのに、難しいお願いや大変なお願いをしなければならない場合もあるからです。その際は、敬意を大切にした表現を使うことで、受け入れてもらいやすくなります。相手の感情を害することなく、快く受け取ってもらえる言い方を一つでも多く知っておきましょう。そして、いつもの1・5倍くらい丁寧に伝えることを心がけたいですね。

助けを借りたいときは「お力添え」を用いる

目上の人に敬意を表しつつ助けを借りたいときは、「手伝っていただけますか」「力を貸していただけませんか」という表現でもよいのですが、「お力添えいただけますでしょうか」という大和言葉を取り入れてみましょう。メールや文書の場合は、「お力添え賜りたくお願い申し上げます」「お知恵を拝借したいのですが」などの言い方もおすすめです。敬意を持って丁寧にお願いしていることがより伝わります。

【上司に話す場合】このプロジェクトに関して、お力添えをお願いできますでしょうか
【取引先に話す場合】新商品の開発にお力添えいただけますと幸いです

「見てください」より「お目通しください」

「お目通しください」は、ビジネスシーンでよく使われる丁寧な表現です。特に上司や取引先などに対して、資料や文書を確認してもらう際に適しています。普段ももちろん使えますが、相手によっては少し堅苦しく感じることもあるかもしれません。同僚や親しい人には、もう少しカジュアルに「ご確認ください」や「ご覧ください」などを使うとよいでしょう。

言いづらいことは「クッション言葉」で柔らかく

「〜ない」を使わなくても、お断りや注意はできる

仕事をしていると、時には言いづらいことを言わなければならないケースがあると思います。そのようなときには「クッション言葉」を使いましょう。

クッション言葉には、「失礼ですが」「恐れ入りますが」「申し上げにくいのですが」などさまざまなものがあります。いずれも、**お願いする、お断りする、注意を促すといった、言いづらいことを伝える場面に一言添える形で使います。**そして相手への配慮を示すことで、印象を和らげ、相手に受け止めてもらいやすくなります。

また、後に続く言葉を依頼形にすることも効果的です。「〜してください」と言われるよりも、「〜していただけますか」と意向を伺う形にしたほうが、人は受け入れやすいからです。実は「～してください」は〝丁寧な命令形〟です。ですから、上から目線と思われたり、横柄《おうへい》な印象になったりしないよう、判断を相手に委ねる依頼形にするのが理想的なのです。

特に注意を促すときなどは、つい、「～しないでください」とストレートに伝えてしまいがちです。ですが、直接的な言い方は相手に不快な思いをさせ、トラブルの火種になりやすいもの。クッション言葉を添えて、相手に心の準備をしてもらったうえで依頼する形にすると、注意されたことよりも丁寧に伝えられたことのほうが印象に残り、こちらの要望を受け入れてもらいやすくなります。また、注意しなければならないときは、代替案まで添えられるとさらによいでしょう。

クッション言葉で伝わり方が変わる

実際の例で考えてみましょう。

たとえば、飲食不可のスペースで飲食している人がいるとします。その場合、どのように伝えると納得してもらいやすくなるでしょうか。言い方にもよりますが、「こちらでの飲食はご遠慮ください」だと、ストレートすぎて衝突を招きかねません。「申し訳ございませんが、こちらでの飲食はご遠慮願えますでしょうか？　あちらに飲食スペースを設けております」のように、**クッション言葉＋依頼形＋代替案をお伝えする形にすると、丁寧で、言われたほうも受け取りやすい**ですよね。

仕事の進捗について確認したいときにも、クッション言葉は力を発揮します。

率直に伝えると、「こちらはどうなっていますか？」「〇〇〇の資料はできていますか？」となりますが、「念のため」あるいは「ご確認なのですが」といった言葉を添えたうえで尋ねると、いかがでしょうか。**「念のため確認させていただきたいのですが、こちらはどのようなご状況でしょうか？」**とするだけで、「これ、できているの？（できていないということはないですよね？）」という高圧的なニュアンスが緩和されて、相手の立場を守ることになるのです。言われた相手も、素直に受け入れやすくなるでしょう。

また、「ご迷惑でなければ」「差し支えなければ」といったクッション言葉もあります。手みやげや差し入れをお渡しするときなどは、自分では善意のつもりでも、相手にとっては負担になる可能性があります。そのような場合は、**「ご迷惑でなければお召し上がりください」**とお伝えすると嫌味がなく、受け取ってもらいやすくなります。

このように、相手に寄り添う一言があるかないかで、伝わり方も、受け取られ方も変わります。ご紹介した事例以外にも、クッション言葉はさまざまなシーンで使うことができます。シーン別の表現を掲載しますので、ぜひ参考にしてください。クッション言葉をたくさん使いこなすことで、今以上に仕事が進めやすくなります。

●尋ねる、依頼する

・恐れ入りますが、大変恐縮でございますが、大変申し訳ございませんが
・失礼ですが、差し支えなければ、よろしければ、お手数をおかけしますが

＋

・～お願いできますでしょうか？
・～していただけませんでしょうか？

●確認する
・念のため
・ご確認ですが
＋
・（確認したいのですが）～はどのようなご状況でしょうか？

●断る（依頼された内容を承諾できない場合）
・申し訳ございませんが、あいにくですが、せっかくですが、残念ですが
＋
・～いたしかねます、～できかねます
＋
・お役に立てず申し訳ございません、ご容赦ください
「したくない」「できない」という直接的な言い方は避ける

●注意する（注意や警告をしなくてはならない場合）

・恐れ入りますが、申し訳ございませんが

＋

・ご遠慮ください、ご容赦ください、お許しください

・ゆっくりお進みください（「走らないでください」などの注意）

・～していただけますか？（「……しないでください」を言い換える）

「言葉の使い方」と「考え方」はつながっている

周りの人が前向きになる言葉を選ぶ

職場に「この先輩は前向きだな」「気持ちがよい人だな」と感じる人はいませんか？　**好感度の高い人ほど、周囲を明るくする言葉を使っているものです。**前向きな言葉を使うと感じがよく、周りへの配慮も感じられます。

また、どんな言葉を使うかは、考え方にも大きく影響します。前向きな言葉は、前向きな思考や行動につながります。前向きな言葉を選んで使うことは、自分自身のモチベーションを高めるだけでなく、共に働く周りの人たちにも影響します。あなたの言葉で周りの人も前向きになれるのです。そのような存在を目指しましょう。

「ないもの」より「あるもの」に目を向ける

言葉の選び方一つで、その場の空気がよいほうにも悪いほうにも変わります。否定的な表現ではなく、肯定的な表現を用いることで、お互いが気持ちよく働けることが増えていきます。

たとえば、大事な企画の提出日まで残り少なくなったときに、どのように考えるでしょうか？　焦っているときは、「もうあと1日しかない」と考えてしまいがちです。ですが、「あと1日ある」と口にすると、落ち着くことができますし、心に余裕も生まれ、よりポジティブな発想につながります。

また、仕事の依頼を受けるときも同様です。資料を受け取る期日によって納期が変わる場合、「○日までに資料をいただけないとできません」と言うよりは、「○日までに資料をいただければできます」という言い方に変えます。

ネガティブな表現をしそうになったら、一旦ストップして、どうすれば前向きな表現になるのかを考えましょう。**「あるもの」や「できること」に目を向けると、自然と前向きな言葉が出てくると思います。**状況は同じでも、捉え方や言い方次第で、その場の空気も変わるのです。

会食時になかなかお料理が出てこないときも、「遅いですね」と言うよりは、笑顔で「早く来ないかな」「楽しみですね」と言ったり、お料理が出てきたときに「思ったより量が少ないな」と思っても（他のみなさまも心の中で同じように思われているかもしれませんが）、「この量だったらデザートも楽しめそうですね」と言えば、楽しい気持ちのまま過ごすことができます。あなたと一緒にいると、どんなこともプラスに捉えてくれて、気持ちよく過ごせると思われるようになります。

次に紹介する表現を日頃から言えるようにしておきましょう。

●否定表現を肯定表現に変える

・できません　→　いたしかねます

・わかりません　↓　わかりかねます
・席におりません　↓　席を外しております
・ありません　↓　あいにく切らしております

●肯定的な面を伝える
・部長の山田は15時まで戻りません
　←
部長の山田は15時に戻ってまいります
・それはできません
　←
それはできかねますが、代わりにこのような方法はいかがでしょうか
・今月中にご連絡いただかないとお手続きできません
　←

今月中にご連絡いただけましたら、お手続きが可能でございます

「どれでもいい」より「どれもいい」

会社では、先輩や同僚と昼休憩で一緒に食事をしたり、何か差し入れをもらったりしたときなど、業務以外にも時間を共にすることが多いですよね。そして、そんなシーンでは人柄が出ます。そこでの言動にも気を使うことで、より可愛がられる人になれます。

お菓子の差し入れと共に、「好きなものをどうぞ」と声を掛けてもらったとき、自分では遠慮しているつもりで、「どれでもいいです」と言っていませんか？　そんなときは、「どれでもいい」ではなく、「どれもいいですね」と言うのはいかがでしょう。

「どれでも」と「どれも」は、一文字異なるだけですが、受け取る印象が異なります。「どれでもいい」は、遠慮深く、相手に選択を委ねる姿勢が強調されますが、場面によっては少し無関心で投げやりな印象を与えることもあります。**「どれも」は、「どのお菓子も美味しそうだから、自分がどちらになっても嬉しいです」というニュアンスを含ませることが**

できるため、より前向きな姿勢であることが伝わります。

さらに、「どれも美味しそうで迷いますね」「どちらになっても嬉しいです」と言えると素敵です。

「コーヒーと紅茶、どちらがいいですか」と聞かれた場合も「コーヒーでいいです」ではなく、「コーヒーがいいです」「コーヒーをお願いいたします」と言いましょう。

また、職場の人が髪型や服装を変えたときに、褒めるつもりで「今日は素敵ですね」と言うと、「今日は」という言葉に引っ掛かる人もいます。「いつもは違う」と言われているような気がしてしまうのです。「今日も素敵ですね」と伝えると、言われたほうも素直に喜ぶことができますね。「今日は一段と素敵ですね」だと、より一層喜ばれるでしょう。

どの言葉も、たった一文字で印象が変わるので、ぜひ意識しておきましょう。

「嫌い」は「得意ではない」に変換する

同僚と食事をしているときに、嫌いなものが出てきたら、なんと言いますか？

ある食事会で参加者のお1人が、出てきたお料理を見た瞬間に「あ〜っ、私、これ嫌い」と大きな声で言われたことがありました。

「さあ、みなさんでこれからお食事をいただきましょう」というときに、「これ嫌い」と言われると、どうでしょうか。水を差された感じがしませんか。「美味しそう」「楽しみだな」と思っている人の気持ちを台無しにしてしまいます。

誰しも、好き嫌いはあるでしょう。ですが、わざわざ口にする必要はないのです。黙ってそっと手をつけずにおけば、空気を悪くすることも、気を使わせることもありません。

もしも「どうぞ」とすすめられた場合には、「ごめんなさい、実は得意ではなくて。よかったらいかがですか」などと伝えるとよいでしょう。

ふと発する言葉には、その人の人となりが出やすいもの。実はこうした気遣いは、仕事をする場合にとても大切です。**一流のビジネスパーソンほど、自分が使う言葉を意識して選んでいます。**

仕事はすべて、人と人との関わりの中で成り立ちます。その関係を作るのが言葉です。だからこそ、言葉選びに気を配るのです。的確な言葉で端的に示すことが必要な場面、少し素を出す場面、柔らかで心遣いに溢《あふ》れた言葉を使う場面、前向きな言葉でポジティブに捉えたい場面……それぞれの場面に適したいろいろな表現を知りましょう。そして場面に応じたベストな言葉を使っていくことをおすすめします。

第4章

「電話応対」ができると社内の味方が増える

ビジネスシーンにおいて電話は、緊急で連絡を取るときや、細かなニュアンスを伝えるときに重宝します。商品やサービスを利用する前に電話で確認する人もいて、「お客様との最初の窓口」という重要な側面もあります。顔が見えない状態でコミュニケーションを取る難しさはありますが、経験すればするほど慣れます。電話応対を誰よりも率先して行うことは、必ずあなたの成長につながります。

率先して電話を取ると好感度が上がる

電話応対は最初の大切な仕事

社内外のコミュニケーションツールとして欠かせないのが、電話です。メールやチャットなどで気軽に連絡を取り合う機会が増えたこともあり、プライベートでは電話を使う機会が少ないという人も多いと思います。ですが、ビジネスシーンにおいて、電話はなくてはならないもの。急ぎの連絡を取り合うときや、メールでは伝わりづらい微妙なニュアンスを的確に伝え、仕事を円滑に進めるときに重宝します。

また、電話はお客様や取引先との窓口でもあります。入社1～3年目は担当する案件も少なく、先輩方と比べると比較的時間に余裕があります。そんなときにパッと電話に出て対応すると、忙しい上司や先輩方の助けになります。そして、何よりも大切なのは、電話をくれた人をお待たせしないことです。これは仕事をするうえで決して忘れてはならないことです。率先して電話に出るようにしましょう。

とはいえ、頭では理解していても、かかってきた電話に出るのはなかなか難易度が高いと思います。中には、「電話を取るのが怖い」という人もいるのではないでしょうか。私自身、入社1年目のときは同じ気持ちでした。けれども、**電話は型が決まっていますので、受け答えのポイントさえ押さえれば誰でも慣れますし、印象よく対応することも決して難しいことではありません**（電話を克服する方法については、178ページで詳しくご紹介します）。

電話では、自社の商品やサービスについて尋ねられることも多いため、自社のことに詳しくなります。また、敬語を使って話すので、話し方のトレーニングにもなるでしょう。電話に出て各部署の担当者に取り次ぐことで、誰がどのような仕事を担当しているのかがわかり、何気なく働いているだけでは知ることのできない情報も数多く得られます。

会社での業務は、担当者ごとに分かれているように見えて、実は1本の線でつながっています。電話を取って担当者につなげ、それが仕事に結びつく、あるいはお客様に感謝される。この一連の流れの中で、電話を取ることは、最初の大切な仕事になります。ここを率先してできる人は自然と経験値も増え、会社への貢献度も高くなるでしょう。電話応対を重ねることで、その後の成長スピードも格段に速くなります。

「声の表情」にも細心の注意を

では、電話を取るときはどのようなことに気をつけるとよいのでしょうか。

電話では、「声」だけが頼りです。顔が見えない状況でのコミュニケーションですので、言葉以外の情報を敏感に察知しやすくなります。**声の大きさや高さ、スピードなど、「声の表情」には細心の注意を払いましょう**（詳しくは１４５ページでお伝えします）。あなたの気持ちや態度は、声を通じて相手に届きます。

電話で感じよく話すと、相手がその会社に対して好感を持ち、「商品やサービスをもっと利用したい」と思ってもらえる可能性が高まります。一方で、声が小さく、気怠《けだる》そうな態度で話していると、電話口からその様子が伝わります。自分では気づかないうちに悪い印象を与えたり、情報が正しく伝わらなかったりすることもあるのです。ホテルやレストランであれば、そのことで予約を見送られたり、場合によってはクレームに発展したりすることもあるほどです。

私も、重要な会食の予約をするときは、お店の電話応対を確認しています。話し方や態度に違和感を抱いたお店は、重要な会食が台無しになってしまうのではないかという不安があるからです。

電話応対の質は、会社やお店の評判とつながっています。電話で話す際は、自分が「会社の顔」「会社の代表」という意識を持ちましょう。対面で話すとき以上に注意を払い、相手の気持ちに寄り添うことが大切です。

さまざまなツールを使い分けられる人になる

仕事で使う連絡手段

電話のほかにも、仕事を円滑に進めるための手段として、メール、チャット、FAX、手紙、電話、文書、対面などがあります。業務連絡は電話、メール、チャット、FAX。パーティーのご案内やオフィスの住所変更など、儀礼的な内容を伝える場合は文書。商品説明や契約について話す場合などは対面、というように使い分けるといいでしょう。142〜143ページの表にそれぞれの特性を一覧にしましたので、参考にしてください。

特性によって変わるふさわしいツール

緊急性の高い用件の場合、内容や急ぎ具合について、お互いの認識に齟齬《そご》が起きないように、電話や対面など、確実に伝わる方法を選ぶのが必須です。メールやチャットは送った履歴が残るメリットはありますが、相手がすぐに確認する保証はありません（手紙、FAXなども同様です）。より正確に内容や緊急性を伝えるためにも、電話などの会話ができる手段を選びましょう。

もちろん、相手の環境によっては、電話を控えていて、チャットをメインに使っているところもあるかもしれません。リモートワークが中心の職場の場合、電話や対面が難しいこともあります。先方にとって何が最も都合のよいツールなのか、可能であれば、あらかじめ確認しておくことをおすすめします。仕事上のトラブルにつながりにくいものを選ぶようにしましょう。

また、お詫びや契約などの重要な局面でも、対面、あるいは電話がよいでしょう。特に謝罪をする場合、人によっては、メールだと「軽んじられている」「誠意が伝わらない」と思われることもあります。

そして、喜びや怒りといった感情は、メールよりも対面や電話のほうが伝わります。特

手紙	敬意を表したいとき 儀礼的なあらたまった文書 ほかの人に見られないほうがよいとき（親展） 公式な連絡や通知 感謝状や礼状 重要な契約書の送付	緊急の連絡 即時の返答が必要な場合
チャット	社内連絡、リモートワーク 迅速なやり取り 簡単な確認事項や報告 複数人での情報共有 日常的な連絡、迅速なやり取り、カジュアルな情報共有、チーム内のコミュニケーション	重要度の高いもの 文章が長くなるもの 公式な連絡 詳細な説明が必要な場合

ビジネスシーンでの主な連絡手段

	用いるのがよい場面	用いないほうがよい場面
電話	業務連絡・問い合わせ 簡単な内容 急ぎの内容 緊急の連絡 即時の返答が必要な場合 重要な商談や交渉 感情の伝達が重要なとき	音声のみでは伝わりにくい内容 公式な連絡 詳細な情報共有 時間がかかる議論
メール	記録を残したいもの 長文の内容 公式な文書の送付 詳細な情報共有 記録に残す必要がある連絡 フォローアップ	改まった内容の文章 改まったお礼・お詫び 感情を強く伝えたい場合 即時の返答が必要な場合
ハガキ	簡単な用件 季節の挨拶状等	儀礼的なあらたまった文書 封書で来た文書の返事（目上の人宛） 詳細な情報が必要な場合 即時の返答が必要な場合

にマイナスな感情はメールで伝えてしまうと、思わぬ誤解や行き違いを生み、関係性に亀裂が入る危険性もあります。感情が昂《たかぶ》っているときは、すぐにメールを送るのではなくて、一晩置くこと。そして、送るかどうかを翌朝に判断するなど、冷静に判断しましょう。

一方、地図やデザインなどの視覚的な情報を伝える場合は、メールにＵＲＬを添えたり、データ添付をしたりすると、一目で伝わります。届けたい情報が的確に伝わる手段を選択しましょう。

電話では「声」が命

「元気のよい応対」は相手を安心させる

電話に出るときは、「明るく」「伝わる声でハキハキと話す」ことが基本です。

すでにお伝えしたように、電話は相手の顔が見えない分、感覚が研ぎ澄まされやすくなります。どんな表情で、どんな気持ちで電話に向かっているのか、声を聞くだけで意外と感じとれるものです。相手の「顔」は見えなくても、「様子」は感じとれます。

ですから、**たとえ相手からは見えていなくても、姿勢を正して笑顔で電話に出ましょう。**

この姿勢を心がけることで、自然と明るくていい声になります。この声のことを「笑声《えごえ》」と言います。笑顔を感じることができる声、という意味です。相手も受話器の向こう側で笑顔を感じることができると、安心します。

特に電話は、通常よりも声が低くなる傾向にあります。笑顔を表現するためにも、ワントーン明るい声を出すようにしましょう。

ハキハキ話すことは自分を守る「盾」になる

中には、電話応対の自信のなさから、つい声が小さくなってしまったり、おどおどした態度を取ってしまったりする人もいます。ですが、こうした態度は相手を不安にさせます。また、とても危険でもあるのです。

世の中には、自信がなさそうな話し方をする人に対してイライラしたり、意地悪な態度を取ったりする人が一定数います。ですから、自信がなさそうに話すと、それだけで相手に強く出る隙を与えてしまうのです。

最初はわからないことも多く、自信がなくて当たり前です。いきなりハキハキと話すのは、厳しいかもしれません。ですが、自信がなさそうな人だからこそ、相手は強く出るのです。**元気にハキハキと話すことは、相手のためだけではなく、自分を守ることにもつながります。**

もちろん、電話に出ても、すべての問い合わせに応じられるわけではありません。わからないことも多々あるでしょう。困ったときは、「私ではわかりかねますので、担当の者におつなぎいたします」と、明確に伝えましょう。その後のことは、どんどん周囲の人に頼ればいいのです。

137ページでもお伝えしましたが、会社での業務は、担当者ごとに分かれているように見えて、実は1本の線でつながっています。電話応対は、リレーでいうと最初の走者です。ですから、次の走者にバトンを渡すまでのつなぎをすれば、まずは十分なのです。

電話では元気にハキハキと話し、しかるべき人につなぐこと。この2つを心がけるだけで、周囲の人も電話をかけてきた人も安心しますし、あなた自身の電話に対する抵抗感も和らぐはずです。

電話応対① 電話がかかってきたとき

「感じよく」「正確に」「わかりやすく」

電話を受けるときは、具体的にはどのような対応をすればよいのでしょうか。

会社の代表電話宛にかかってくる電話は、業種にもよりますが、相手がお客様の場合もあれば、取引先や営業電話などもあり、さまざまです。電話の内容もバラバラですよね。

どんな電話かわからないからこそ、余計に不安になると思いますが、先ほどお伝えしたように、まずは次につなげることを意識しましょう。あなたが電話を取ることで、先輩や上司は仕事を中断せずに済むため、大助かりです。

電話に出たら、「感じよく」応対すること。そして、電話をかけてこられた方の用件を「正確に」聞くこと。さらに、社内の担当者に「わかりやすく」伝えることを心がけましょう。電話応対の流れは、150～151ページの図のように、大きく7つのステップに分かれます。1つずつ見ていきましょう。

基本となる7つのステップ

①3コール以内に出る

電話がかかってきたら、3コール以内に出ます。

人は、電話の呼び出し音を10秒以上聞くと「待たされている」と感じます。1コール約3秒なので、3コールだと約9秒で、限りなく10秒に近づいてしまいます。そのため、3コール以内に出るのがビジネスマナーです。**お待たせしないように2コール以内で出る心構えでいるとよい**と思います。

また、デスクにはメモ用紙とペンを用意しておきます。すぐにメモが取れるよう、受話器は利き手と反対の手で取ることを覚えておきましょう。**もしも3コール以内に出られなかった場合は、必ず「お待たせしました」と一言添えましょう。**

④ 挨拶をする

POINT

- 状況によって挨拶は使い分ける

「いつもお世話になっております」

⑤ 用件を聞く

POINT

- 相づちを打つ
- 必ずメモに残す

⑥ メモを取り、復唱する

POINT

- 認識の齟齬がないか確認する

「復唱いたします」
「～ですね」

⑦ 再度名乗り、電話を切る

POINT

- 名乗ることで責任の所在をはっきりさせる
- 相手が切ってから切る

「私、×× が承りました」
「よろしくお願いいたします」
「失礼いたします」

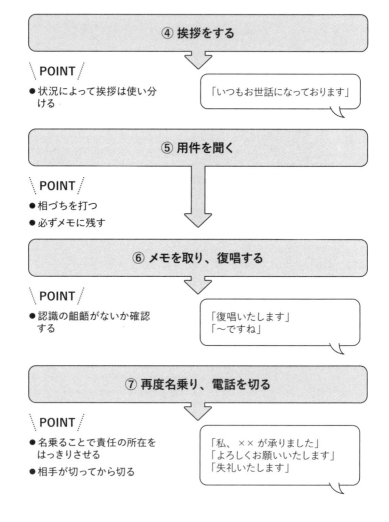

電話の受け方

① 3コール以内に出る

POINT

- 明るく、感じよく
- 相手を待たせない

「ありがとうございます」
「おはようございます」
「お待たせいたしました」

② 名乗る

POINT

- 名前は聞き取りにくいので、はっきりと名乗る

（外線）「○○会社××でございます」
（内線）「△△課 ××です」

③ 相手の名前を確認する

「●●会社の□□様でいらっしゃいますね」

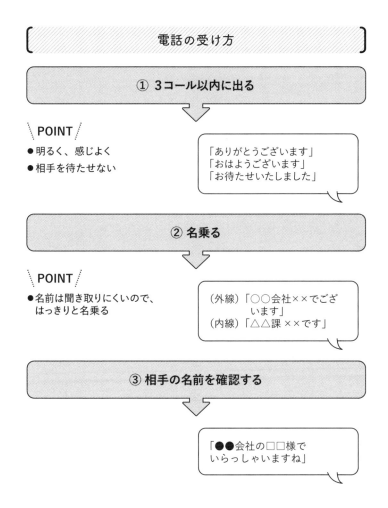

②名乗る

電話に出たら、挨拶をして先に名乗りましょう。「おはようございます。〇〇会社（社名）の××（名前）です」などと、元気よく伝えます。職場によって挨拶や名乗り方はさまざまかと思いますので、会社の慣例に従いましょう。

なお、挨拶としての「こんにちは」「こんばんは」は、ビジネスシーンでは、フランクすぎると考えられています。2つとも、後の言葉が省略された言葉だからです。「こんにちは」は「今日《こんにち》はよいお日和ですね」「今日《こんにち》はごきげんいかがですか」などの言葉が略されています。もしも相手から「こんにちは」と言われた場合は、「**こんにちは。〇〇様、いつもありがとうございます**」のように、挨拶に続けて一言加えるといいでしょう。

③相手の名前を確認する

こちらが名乗った後、相手が名乗ったら、社名と名前をメモします。ただし、名前は意外と聞き取りにくいものです。ほかの言葉は話の文脈からある程度推測できても、名前は推測できません。一度で聞き取るのがベストではありますが、もし聞き取れなかった場合は、「**申し訳ございませんが、もう一度お名前を伺ってもよろしいでしょうか?**」とお断りしたうえで、間違いのないようしっかりと確認しましょう。

どうしても聞き取れないときは、「『あいうえお』のあんどう様でよろしいでしょうか？」のように、五十音を引き合いに出して確認するのも１つの方法です。

時には声が小さい人や、騒音などで聞き取りづらいこともあるかと思います。そのようなときは、決して聞き取れなかったことを相手のせいにせず、丁寧に接するようにしましょう（詳しくは181ページでお伝えします）。

④挨拶をする

名前を聞いたら、挨拶をします。「いつもお世話になっております」「いつもありがとうございます」などと、状況によってアレンジします。

「相手とはつながりがないかもしれないのに、『お世話になっております』と言うの？」と思う人もいるかもしれません。ですが、仕事はどこで誰とつながっているかわからないものです。今つながっているかどうかよりも、失礼のない応対は何かと考えたときに、「いつもお世話になっております」と言うのがベターと考えましょう。

⑤用件を聞く

次に、用件を聞きます。5W3H（whenいつ、who誰から、whereどこで、what何を、whyなぜ、Howどのように、How manyどのくらい、How muchいくら）を意識しながら、できる限り正確に聞き取るようにしましょう。相手の話は最後まで遮ることなく、「はい」「ええ」などと相づちを打ちながら、聞くことに注力します。

⑥メモを取り、復唱する

聞き取った内容は、メモにして残します（伝言メモの書き方は160ページ以降で紹介します）。

その後、担当者がいれば電話を取り次ぎます。担当者が離席中、あるいは外出中の場合は、折り返しの連絡を希望するかどうかを聞き、希望する場合は折り返し先の電話番号を確認したうえで復唱します。

なお、担当者が不在のときに何をしているかという情報は、必要以上に伝えないようにします。担当者の打ち合わせ相手や訪問先まで正直に伝える人がいますが、どこで不都合が生じるかわかりません。もしかしたら、訪問先が電話相手のライバル会社かもしれません。**不在を伝えるときは「ただ今外出中です／離席中です」くらいに留めておきましょう。**

また、「お休みさせていただいております」と伝えている人もいますが、「させていただく」は相手に許可をもらうときに使う敬語ですので、社外の人には「お休みをいただいております」と伝えるようにしましょう。

自身で対応できる用件の場合は、メモを取った後、必ず復唱して相手に確認を取ります。「復唱いたします」などと断ったうえで行うと、より丁寧です。

⑦再度名乗り、電話を切る

用件の確認が終わったら、「本日は私、××が承りました」と改めて名乗ります。名乗ることで責任の所在が明らかになり、相手に安心感を与えます。その後、「お電話いただき、ありがとうございました。失礼いたします」と伝えてから電話を切ります。

電話を切るときは、必ず相手が切ったことを確認してから切るようにしましょう。すぐに切ると、せっかちで感じの悪い印象を与えてしまいますので、注意が必要です。

ここまでが、電話を受けるときの一連の流れになります。

「こんなにやることがあるなんて、やっぱり電話は難しそう」と思う人もいるかもしれません。ですが、最初は誰もが初心者です。また若手のうちは、トライ&エラーできる絶好の機会でもあります。失敗してもまたやり直せばいいのです。

ここであまり電話を経験せずに年次を重ねると、いつまで経っても電話が苦手なままで、チャレンジする機会を逃してしまいます。そうなる前に、「どんな電話でも応対できる」くらいの経験を積んでおきましょう。挨拶と同様、「社内で誰よりも感じのよい電話応対をする人」を目指してください。

電話応対②
電話は「切る前」の伝え方が勝負

相手の気持ちに寄り添う応対を

「終わりよければすべてよし」という言葉があるように、電話を切る前はとても大切です。というのも、電話は言葉だけで行うコミュニケーションのため、認識にズレが生じやすいからです。**もしもズレがあるまま電話を切ってしまうと、問題につながることもあります。**電話を切るときは、安心して話し終えてもらえるように心がけましょう。

電話を切る前に伝える内容としては、４つのポイントがあります。ここでは、問い合わせの電話があった場合のシーンを想定した回答例を紹介します。

①話した内容を確認する

問い合わせに対する回答が終わったら、「それではご案内は以上でございます」と、案内が終了したことを明確に知らせます。そのうえで、ご案内した内容を再度お伝えし、先方の問い合わせに対する回答になっているか、認識に違いがないかを確認します。認識に相違があった場合は訂正し、間違えたことに対する謝罪も忘れないようにしましょう。

②不明点を確認する

その後、不明点がないかを問いかけます。

「何かご不明な点、わかりにくい点はございませんでしょうか?」と確認することで、相手がわからない点を抱えたまま電話を切らないようにします。

③お礼を伝える

話した内容が回答になっているかと、不明点の確認が終わったら、お礼を伝えます。

「お忙しい中、時間を割いてくださり、ありがとうございました」「お問い合わせをいただきまして、ありがとうございました」などと、相手が気持ちよく電話を切れるよう、丁寧にお礼を伝えるようにしましょう。

④責任の所在を明確に示す

そして、「本日は〇〇が承りました」と、自身の名前を伝えます。「ご不明な点がありましたら、またいつでもご連絡くださいませ」など、相手がまた電話をかけやすいような声掛けがあると、なおよいでしょう。その後、「失礼いたします」と断ってから電話を切ります。電話を切るときは、155ページでもお伝えしたように、必ず相手が切ったことを確認し、一呼吸置いてから行いましょう。

以上が、電話を切る前に伝えたい４つの内容になります。

日常生活で困ったことが生じたとき、メーカーなどに問い合わせるケースがあると思います。そんなとき、電話で丁寧に応対してもらえると、よい会社だと感じ、失礼な態度を取られると、今後その会社の商品やサービスは利用したくないという気持ちになるかと思います。たった１人の電話応対が、会社そのものの印象を左右するのです。

問い合わせの電話を受ける際は、どんな応対をされると嬉しいか、相手の気持ちになって考えてみましょう。

電話応対③　伝言メモは「確実」かつ「正確」に伝える

理想の伝言メモ

電話に出たときに、取り次ぎ先の担当者が不在の場合もあります。そのような場合は、要点をまとめた伝言メモを残します。**電話応対は、電話に出て終わりではなく、担当者にきちんと伝言するまでが仕事**です。

ここでポイントになるのは、「確実に」「正確に」伝わる内容にすることです。5W3Hを意識しながら、次の内容をメモに残しましょう。

①電話を受けた日時
②伝言する担当者の名前
③相手の会社名（所属先）・部署名・氏名

④電話を受けた人（あなた）の氏名
⑤用件と、相手が希望される対応
⑥折り返し電話の要・不要（折り返し電話希望の場合は、先方の都合のよい時間と連絡先を明記する）

①～④、⑥については、聞き取った内容を書くだけなので問題ないと思います。⑤については、担当者が見るだけで、何をすればよいかが確実にわかるようにすることが大切です。

メモを書いたら他の人に内容が見えないように折りたたみ、担当者のデスクやパソコンに貼ります。このとき、メモが飛んだり落ちたりすることのないように、テープで補強しておくと安心です。

メモを書いて貼ったら、メモの内容を担当者に口頭でも伝えるようにするとより確実です。こうした細やかな心配りが、会社全体のトラブルやミス防止にもつながります。

伝言メモは、慣れないうちは、あらかじめ書くべき内容が記された付箋やメモ用紙を使いましょう。漏れが少なくておすすめです。

理想の伝言メモ例

伝言メモ

②
木村　様

① 6月 28日　午前／(午後)　3時 10分

④ 受信者：高田

③
会社名：渡辺商事

お名前：山田様

⑥ ☑ 折り返し電話くださいとのこと
電話番号（090）−000−000
（午後5時までに）

☐ もう一度お電話くださるとのこと

⑤ ☑ 下記の伝言がありました

明日29日の打ち合わせについて
ご相談したいことがあるとのこと

チャットで伝言するときの注意点

今はメモではなく、チャットで伝言を行う職場も多いと思います。その場合も、電話の内容を確実に、正確に伝えるという点は同じです。チャットに書き込むときは、右の図の①〜⑥を、「電話を受けた日時」「伝言する担当者の氏名」のように、あらかじめテキストに書き込んでおきます。そして、そのテキストをチャットに貼り付けたうえで伝えるべき内容を上書きしていくようにすると、用件が漏れなく伝わります。

ほかにも、「伝言」で単語登録しておき、その言葉を打ち込むと①〜⑥の項目が出てくるように設定するなど、正確かつ確実に伝わる方法があるかと思います。周囲にヒアリングしながら、ご自身のやりやすい方法を探ってみましょう。

なお、チャットによっては相手がメッセージを確認すると「既読」がついて、読んだことがわかると思います。**既読の場合でも、相手が対応していないと思われるときは、可能ならば口頭でも確認するようにしましょう。**対応が遅くなってトラブルになるのを未然に防ぐことができます。

電話応対④　電話をかけるとき

電話をかけるときは「事前準備」が必須

ここまで、電話がかかってきたときの対応についてお話ししてきました。ここからは、電話をかけるときの注意点についてお伝えしていきます。166ページの図に一連の流れをまとめましたので、参考にしてください。

電話をかける際は、いきなり受話器を取るのではなく、あらかじめ話す内容を整理して臨みます。「見積もりの感触を確認　OKなら契約を進める　NGなら希望金額を聞く」のように、メモ書き程度で大丈夫です。電話は相手の時間を割いていただくもの。できるだけ手短に、かつ伝え漏れのないように事前準備を行うことが欠かせません。手元にメモを準備しておくことで、電話で落ち着いて話すことができます。

電話をかけて先方が出たら、まず自分から名乗り、挨拶をします。**「〇〇会社の××と申します。いつもお世話になっております」**と、ハキハキと話しましょう。その後、**「お忙しいところ恐れ入りますが、宣伝部（部署名）の佐藤様はいらっしゃいますか？」**のように、担当者の名前を伝えます。

本人が電話口に出た場合は、**「メールをいただいた資料の件でいくつか伺いたいのですが、今、お時間よろしいでしょうか？」**のように、簡潔に用件を伝え、相手の都合を確認します。

場合によっては、電話に出たほうが先に「失礼ですが、どのような用件でしょうか？」と聞いてくる場合があります。そのときも、「メールをいただいた資料の件でいくつか伺いたいと思い、連絡しました」などと、用件を手短に伝えます。

話が終わったら、必ず要点を確認する

用件を話すときは、自分が話したい順番ではなく、相手が聞きたいと思われる順番で話すと印象がよくなります。話が終わったら、「本日伺った〇〇については、××ということでよろしいでしょうか？」などと、必ず要点を確認します。

④ 用件を伝える

POINT

- 簡潔に話す
- 相手の時間を考慮する

「●●の件で伺いたいのですが、今お時間よろしいでしょうか？」

⑤ 要点を確認する

POINT

- 認識の齟齬がないか確認する

「●●でよろしいでしょうか？」

⑥ 挨拶をして丁寧に切る

POINT

- 基本的にはかけた方が先に切る
- 切るときは、指でフックを押さえる

「よろしくお願いいたします」
「失礼いたします」

電話のかけ方

① 話の内容を整理し、ダイヤルする

POINT

- かけるる時間帯を考える
- 相手の電話番号・所属・氏名を確認する
- 話の要点をまとめておく

② 名乗る

POINT

- 相手から聞かれる前に名乗る
- 社名だけでなく、自分の名前も名乗る

「私、○○会社の××と申します」

③ 挨拶をする

「おはようございます」
「いつもお世話になっております」

「お忙しいところ恐れ入りますが、□□様はいらっしゃいますか？」

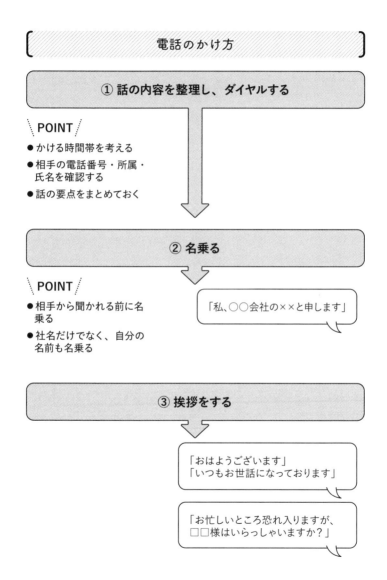

相手と認識が一致しているかどうか不安な場合や、先方が忙しそうな場合は、「差し支えなければ、このお電話が終わった後に念のためメールを送りますので、お手すきの際にご確認いただけますでしょうか?」などと一言断ったうえでメールを送り、再確認してもらうようにすると、食い違いが少なくて安心です。その後、「本日はお時間をいただきありがとうございました。それでは失礼いたします」などと挨拶をし、受話器を置きます。

電話は、**基本的にはかけたほうが先に切りますが、相手がお客様の場合は、先方が切ったことを確認してから切るようにします。**相手がお客様以外の場合であっても、すぐに切るのではなく、挨拶をして2~3秒待ってから切るようにしましょう。

切るときには、指でフックを押さえるようにします。がしゃんと音を立てて切らないように気をつけましょう。最後まで丁寧に対応することが大切です。

電話はお昼休みと終業間際を避ける

ここまでが、電話をかける場合の一連の流れになります。「先に名乗る」「挨拶をする」など、基本的には電話を受けるときと一緒ですが、電話をかける場合はもう1つ、留意したいポイントがあります。それは、「電話をかける時間帯」です。

電話は、**相手の会社の営業時間内、就業時間内にかけるのが目安**になります。

就業時間が9時～17時の会社であれば、お昼休みをのぞいた時間帯にかけるようにしましょう。もちろん、急ぎの場合はその限りではありません。

また、終業時間に近い時間帯もできるだけ避けるようにします。相手が終業に向けてラストスパートをかけているかもしれませんし、何より、終業間近に電話をかけてこられると、決して気持ちよくはありませんよね。相手のことを想像したうえで、迷惑にならない時間帯を選んでかけるようにしましょう。

電話応対⑤
クレーム電話がかかってきたとき

何よりもまず、相手の気持ちに寄り添う

電話を受けていると、時に辛辣《しんらつ》な意見をもらうことがあります。いわゆる「クレーム」ですね。新人の段階でクレームに対応する機会は少ないかと思います。そこでここでは、クレームの電話がかかってきたときにどのような心がけでいるとよいのか、ということについてお伝えします。

みなさまがメーカーなどに問い合わせの電話をするとしたら、どのようなときでしょうか。最近は、チャットやメールで問い合わせをすることが増えましたので、それでも問題が解決せず、困ってしまったときに電話をするのではないでしょうか。

問題を解決したいのにどうしても解決できない、あるいは、問題が起こって怒りや残念

な気持ちが生じたからこそ、直接電話をするわけですよね。クレームの電話をかけてくる人も、ほぼ同じ理由かと思います。

そんなときに、「私に怒られても困る。担当ではないからわからないし」と、他人《ひと》ごとのような態度で対応されると、とてもがっかりします。怒りがわいてきてもおかしくありません。

クレームは、初期対応が非常に重要です。**クレームの電話がかかってきたときに、普段以上に大切にしたいのが、「相手の気持ちに寄り添う」こと**です。何かしらご迷惑をかけたのであれば、まずは「ご迷惑をおかけして、大変申し訳ございません」と謝罪の言葉を述べます。そのうえで、「大変な思いをなさいましたね」「それは辛い思いをさせてしまいました」などと、相手の気持ちに寄り添う一言を必ず伝えるようにしましょう。

また、相手の話が長いとつい途中で遮ってしまいがちですが、可能な限り最後まで聞くこと。そのうえで、「こういう状況でいらっしゃるんですね」「それは大変でしたね」などという言葉を添えます。

もし自分がイライラしながら問い合わせの電話をしているときに、「さようでございますか」「承知しました。それでは担当者を呼んでまいります」などと事務的に言われたら、どうでしょうか。いくら敬語の使い方が正しくても、こちらの気持ちを理解しようとしてくれないと感じ、とても残念な気持ちになるかと思います。相手はわざわざ時間を割いて電話をかけてきています。そのことを理解したうえで、寄り添う姿勢を見せることが大切なのです。

声のトーンや話し方のスピードを合わせる

クレーム対応においては、相手に合わせることも非常に大切です。これは「ペーシング」と言って、**お客様の話す速度や声のトーンに合わせて共感を示すことで、相手に安心感や信頼感を抱いてもらうコミュニケーションスキル**です。詳しい説明やクレームへの具体的な対応はできなくても、相手に寄り添って「この人は自分の気持ちをわかってくれそうだ」と思ってもらうことができれば、あなたの後に電話に出る先輩方も、より対応しやすくなります。

入社して間もない頃は、クレームの電話だとわかると、怖くて「私は担当ではないからわかりません」という態度を取ってしまいがちです。ですが、お客様からすれば、電話に出た人が新入社員なのか、担当者なのかということはまったく関係がありません。**電話に出た人が、その会社の代表者だと認識される**のです。

ですから、クレームの電話を受け取ったときは、何よりもまず相手の気持ちに寄り添うこと。そして、話を遮らずに聞き、速やかに担当者につなぐことが大切になります。この寄り添う気持ちがあるかないかで、相手の受ける印象は大きく変わり、その後の関係にも影響します。

電話応対⑥　社外で電話を使うとき

打ち合わせ中は携帯電話を相手に見せない

近年は、ビジネスシーンで携帯電話を使用する機会も増えました。固定電話とは違うマナーがありますので、注意しましょう。気をつけたいポイントは主に4つあります。

①固定電話にまずかける

ビジネスの場では、固定電話を使用することが一般的です。相手が携帯電話にかけることを了承していない限り、まずは固定電話にかけるようにしましょう。

②電話をかける環境に気をつける

携帯電話は、通話する場所にも気を配ります。

電車内や電車のホームで通話をしている人を時々見かけますが、おすすめはできません。**電車が近い場所は騒音もあり、声が聞こえづらい環境です。何度も聞き返すことになり、かえって話が長引く可能性もあります。**電車に乗っている間にかかってきた場合は、車内のため電話に出られないことに対するお詫びや、何時に折り返す旨をショートメッセージなどで送ったり、降車して静かな場所に移動してから折り返したりするなど、声がクリアに、しっかりと届く場所で通話するようにしましょう。

そのほか、**通話NGの場所や電波状況の悪い場所にも気をつけるようにしましょう。**

③外出先での重要な話はできるだけ避ける

リモートワークの普及に伴い、カフェなどで電話やオンライン会議をしている人を見かけるようになりました。好きな場所で働くことができるのはよいことですが、会話の内容には注意するようにしましょう。外出先では、誰が話を聞いているかわかりません。**重要な話や社外秘の内容は避けるようにします。**

④マナーモードを徹底する

携帯電話の着信音は、思った以上に目立ちます。社内外問わず、マナーモードにしておくのが基本です。また、打ち合わせ中に携帯電話を机の上に置いている人を見かけますが、マナーモードであっても、通知で画面が光ったり、バイブレーションが振動したりすると集中力が途切れてしまいます。

ビジネスシーンでは、携帯電話は服のポケットや鞄の中に入れておきましょう。

仕事中のさまざまな行動について、どんなことがマナーとして気になるかを尋ねたアンケートでは、「会議（打ち合わせ）中のスマホいじり」が1位となったそうです。携帯電話を触るだけで話に集中していないと思われて、信頼関係を損なうことになるのは、もったいないですよね。

携帯電話でメモを取ったり、スケジュールを確認したりするときは、その旨を相手に伝え、断りを入れる配慮が必要です。また、たとえメモを取っているのだとしても、会議中ずっと下を向いてメモを取り続けるのではなく、顔を上げて頷いたりして、「しっかりと話を聞いています」という姿勢を見せることも大切です。

相手の名前を言いながら電話に出る

そして、ここからお話しすることは、マナーというよりは気遣いなのですが、携帯電話は、番号を登録している相手であれば、電話がかかってきたときに名前が表示されます。出る前に、誰からの電話かということがわかります。その利点を上手く活用し、**電話に出るときは、ぜひ相手の名前を言いながら出ましょう。**「〇〇様、お世話になっております。高田です」と電話に出られると、いかがでしょうか。名前を呼ばれると、「お待ちしていました」と歓迎されているようで、安心感や親近感を抱きませんか。

名前を呼ぶことは、相手の存在そのものをしっかりと認めることになり、距離が縮まります。呼ばれた相手は、不思議と好感を持つのです。名前がわかる場合は、ぜひ呼びかけながら出るようにしましょう。ほんの少しの心がけですが、こうしたひと工夫が印象アップにつながります。

「電話が苦手……」は3か月で克服できる

電話は100回話せば100回分上手になる

ここまで、電話の受け方や取り方についてお伝えしてきました。今日から電話に出られそうでしょうか？　中には「まだまだ難しそう」という人もいるかもしれません。

そこでここからは、電話を克服する方法について、よくあるお悩み別に紹介します。今すぐに克服しようと思う必要はありません。ここで紹介することを実践し、3か月くらいかけて少しずつ慣れていきましょう。

①今まで電話をする機会がなかった

新人の頃は、これまでに改まった電話をかける機会が少なかったという人も多いと思います。誰もが経験のないことを始めるのは怖いですし、不安があって当たり前です。それはどんな年代の人も共通する気持ちかと思います。ですが、電話は経験することで必ず慣れます。

　ある会社の電話応対研修で、ロールプレイングを行った際、受講されたみなさまはそれなりの勤続年数の人ばかりなのに、電話応対に大きな差が出ていたことがありました。その違いは、よく電話がかかってくる部署に在籍しているかどうかという点だけでした。電話がよくかかってくる部署にいる人は、電話を取る回数が多くなるので、自然と慣れていたわけですね。つまり、**電話応対は経験値、慣れなのです。**慣れれば誰でも自然にできるようになります。研修内でロールプレイングを何度か繰り返すだけでも、目に見えて変化します。

「電話は苦手」という人でも、100回電話に出れば100回分慣れます。経験した数だけ上手になりますので、率先して電話を取りましょう。場数を踏むことが電話応対スキルが上達する最短ルートです。

②緊張して頭が真っ白になる

どんなに準備していても、いざ電話に出るとなると、何を言っていいかわからなくなったり、不安で押しつぶされそうになったりするかもしれません。そのようなときはまず、**電話が鳴ったときに発する最初の言葉を決めておきましょう。**「お電話ありがとうございます。〇〇社の××でございます」などと、第一声のセリフを決めておくのです。それだけでも、少なからず気持ちが楽になります。

また、慣れるまでは、マニュアルを横に置いて見ながら応対するのもよいですね。あるいは、手元の伝言メモにある「名前・社名・用件」を見ながら話せば、何を聞き取ればよいかが視覚的にわかるので、緊張が和らぎます。

自身の緊張を和らげるものを試行錯誤して見つけておきましょう。

目に入るところに、オレンジ色のものを置くのもおすすめです。オレンジ色には、緊張を緩和してリラックスさせる効果があります。緊張すると頭の中が真っ白になるという人は、試してみてください。

③何を言っているか聞き取れない

電話は相手の顔や表情がわからないこともあり、慣れないうちは、話している内容が聞き取りにくいこともあるでしょう。前述したように、特に名前は聞き取りづらいです。研修でも受講生のみなさまに、「電話で話すときは、名前は特に大きくはっきり、ゆっくりと言ってくださいね」と伝えているほどです。

ほかの話は前後の文脈で想像できても、名前だけは想像できません。聞き取れなかったときは恐れずに、「恐れ入りますが、もう一度お名前を伺ってもよろしいでしょうか？」と、疑問形で丁寧に尋ねましょう。

相手が言ったことを聞き取れなかったときに、つい「聞き取れませんでしたので、もう一度伺ってもよろしいでしょうか？」と言ってしまうケースがあります。正直であることはよいのですが、これは、ビジネスマナーとしてはＮＧです。相手に責められていると捉えられかねません。

仮に、相手の声が小さかったり、早口だったりした場合でも、ストレートに言うのではなく、「申し訳ございません、少々お電話が遠いようですので、もう一度伺ってもよろしいでしょうか」「申し訳ありません。電波の状況が悪いようですので、再度伺えますでしょうか」などと、言い方を工夫します。

本来は「お声が遠い」と言いたいところを、なぜわざわざ「お電話が遠い」と言うのでしょうか。それは「お声が遠い」だと、相手を責めることにつながるからです。

聞き取りづらいことを相手のせいにしない。これが電話応対の鉄則です。相手の言っていることが聞き取れないのは、電話ではよくあることです。恐れずに、礼儀を重ねて再度尋ねるようにしましょう。

④相手の感情がわからなくて怖い

電話を取ったところ、相手がどことなく不機嫌そうで不安に思う場合もあるでしょう。電話はその性質上、声のトーンが低く聞こえがちです。意識せずに話すと、人によっては怒っているように聞こえてしまうことがあります。ですが、相手は無意識に話しているケースが多いため、それほど気にする必要はありません。「**怒っているかもしれない**」**と感じたと**

しても、杞憂《きゆう》であるケースが多いのです。

また、声の質には、話すときの姿勢も大きく関わっています。

電話は、相手が目の前にいないこともあり、つい気が緩んで肘をついたり、背筋が曲がったりと、姿勢を崩して話してしまいがちです。足を組みながら話す人や、肩に電話を挟んで話す人もいます。こうした姿勢をすると、お腹から声が出しづらくなるので、声のトーンが下がってしまいます。そのため、怖く感じられてしまうことがあるのです。

怒っていないのに怒っているように聞こえてしまうのは、不本意ですよね。相手を不必要に不安にさせてしまいます。

そのため、電話で話すときは、姿勢を正しましょう。**立って話すときも座って話すときも、背筋を伸ばして顔を上げます。**そうすることで、お腹から口まで真っすぐ声が伝わってきて、声の質もトーンもワンランクアップします。

よく電話でも笑顔で、お辞儀をしながら話している人がいます。そうした姿勢は相手に伝わっています。電話をするときは、目の前にお客様がいて、見られている想定で話すようにしましょう。姿勢を正して表情を意識することで、声のトーンが明るくなり、印象も必ずよくなります。

ここまで、よくあるお悩み別に、電話応対を克服する方法について紹介してきました。電話に誰よりも率先して出ることで、電話応対力は必ず身につきます。何より、電話応対を通して身につけられるものは、思う以上に大きいのです。

また、積極的に電話に出る姿勢は、上司や同僚からの信頼や評価を高めます。電話応対に限らず、誰の役割とも決まっていない仕事や、目の前にあるできることをどんどん手がけていきましょう。自信を持ってできる仕事を1つでも増やすと、それは自分の支えになります。そして必ず次の仕事へとつながっていくでしょう。

電話応対で知っておくと便利なフレーズ

電話応対の際は、この章で紹介した事例以外にも、さまざまな対応が求められます。次に知っておくと便利なフレーズをご紹介します（すでにご紹介したものも含みます）。

ここで取り上げている言い回しが口から流れるように出てくると安心です。ぜひ何度も繰り返し口にして、自分のものにしてしまいましょう。

●相手の名前や用件が聞き取れないとき
↓恐れ入ります。少々お電話が遠いようです。申し訳ございませんが、もう一度お伺いしてもよろしいでしょうか。

●相手を長く待たせるようなとき（待たせるのは30秒までが目安）
↓お待たせして申し訳ございません。確認させていただくのに、少々お時間がかかりそうです。よろしければ確認でき次第、こちらからお電話いたしましょうか。

●間違えて電話がかかってきたとき

→こちらは株式会社○○でございます。恐れ入りますが、何番におかけでしょうか。

→こちらの部には□□という者はおりません。恐れ入りますが、□□は総務部でございます。

（この後、次のいずれかを伝えるようにする）

・よろしければ総務部におつなぎいたしましょうか。

・おつなぎいたしますので、このままお待ちいただいてもよろしいでしょうか。

・総務部の番号をお知らせいたしますので、お手数ですが、おかけ直しいただけますでしょうか。

●通話中に電話が切れてしまったとき

→大変申し訳ございませんでした。先ほどは電話が切れてしまい、失礼いたしました。

●相手がすぐに用件を言い出したとき
↓（一通りお話をお聞きしてから）恐れ入りますが、お名前を伺ってもよろしいでしょうか。

●自分ではわからないことを聞かれたとき（商品・会社のことなど）
↓大変申し訳ございません。私《わたくし》ではわかりかねますので、担当の者におつなぎしてもよろしいでしょうか。

●会社への道順を聞かれたとき
（道順をすぐご案内できるよう準備をしておく）
↓恐れ入りますが、今どちらにいらっしゃいますか？　お車でお越しでしょうか？
そこからでしたら……

●社員の家族が病気・欠勤を知らせてきたとき
↓ご連絡ありがとうございます。かしこまりました。私から上司の〇〇に申し伝えます。どうぞお大事になさってくださいませ。

●外出中の社内の人から電話を受けたとき
↓お疲れ様です。〇〇です。

●相手が怒っているとき
↓恐れ入ります。いかがなさいましたか？（私でよろしければお伺いいたします）

●携帯電話に電話するとき
↓〇〇様の携帯電話でお間違いないでしょうか。私、株式会社××の□□と申します。ご契約の件でお電話いたしました。今お話ししてもよろしいでしょうか？

第5章

上司に好かれる人は「報連相」で差をつける

仕事は上司の指示から始まり、「報告」で終わります。また、仕事を進める過程では、適切に「連絡」「相談」をすることで、進捗が明らかになり、トラブルを未然に防ぐことができます。報連相がきちんとできると、上司や先輩も、不要な心配をすることなく仕事が進められるので、安心して案件を任せることができます。この章で紹介する報連相のポイントをもとに、周りの信頼を得る行動を実践していきましょう。

速やかに報連相できる人が好かれる

報連相でトラブルを防ぐ

「ほうれんそう」という言葉をはじめて耳にしたときに、驚いた人も多いのではないでしょうか。「報連相」は、「報告」「連絡」「相談」のそれぞれの頭文字を取ったビジネス用語です。

前章で、会社での業務は1本の線でつながっているとお伝えしました。**仕事は「上司の指示」から始まり、「上司への報告」で終わります。**報連相は、ゴールまでの過程を明らかにするための必須アクション。仕事をするうえでの基本です。

上司からの指示に対してどう動いて、どんな結果だったのかを報告する。行動する過程で必要な連絡事項があれば連絡する。どう動くべきか迷ったら相談する。この3つのアクションに、周りの人の力も加わって仕事は進みます。報連相を確実かつ的確に行うことで、仕事のスピードも質も、大きく変わるのです。

仕事をしていると、大小さまざまな問題やトラブルが必ずといっていいほど起こります。報連相を速やかに行っていれば、上司や先輩がトラブルの芽を早めに摘んで、必要のない事態を回避することができます。会社としても早めに対応でき、トラブルを未然に防ぐことができるのです。

逆に、報連相が遅いと、「頼んだ件、連絡がないけどどうなっているのかな」と上司や先輩を不安にさせ、余計な時間を発生させてしまいます。トラブルが起きたときには時すでに遅し、ということも少なくありません。最悪の場合、商品の手配が期日に間に合わなかったり、お客様を怒らせてしまったりすることがあります。**報連相を早めに行うことは、会社がチームとして円滑に機能するために欠かせない潤滑油《じゅんかつゆ》なのです。**

迷ったときはすぐに報連相を

とはいえ、「どの段階で報連相を行えばいいのかわからない」という人もいるかと思います。**若手の間は、迷ったらすぐに報連相を行いましょう。**すぐに報連相をする習慣をつけておくと、「これはそんなに早く報告しなくていいんだな」とか、「これはすぐに相談しないといけないんだな」という目安がわかってきます。目安がわからないのに、報連相をいつ行うかを自分で考えていても、正解は出ません。ですから、迷ったときは報連相をすること。「今言わなくてもいいよ」「それについては終わった段階で報告してくれればいいよ」などと指示を受けてはじめて、タイミングを調整すればいいのです。

声をかけるのは「朝イチ」がベスト

けれども、せっかく報連相したのに「今言わなくていいよ」などと言われると、困惑しますよね。良かれと思って行ったことが不要と言われると、なかなかこたえます。ですから、言い方とタイミングを工夫してみましょう。

上司や先輩が忙しそうなときは、朝一番のタイミングを狙って声をかけます。出社直後は仕事に着手する前の段階なので、上司や先輩も比較的余裕があることが多いからです。また、そのときは無理でも、一日の予定の中で、都合のよい時間を考えやすいのです。

上司が出社してきたら、「**〇〇〇について報告をしたいのですが、今よろしいでしょうか？**」と、上司の都合を尋ねましょう。「**恐れ入りますが、今5分いただけますか？**」など、報連相に要する時間の目安を伝えることも大切です。この時間が短ければ短いほど、イエスを引き出しやすくなります。打診したタイミングがＮＧだった場合は、どこかで時間をもらいたい旨を伝えます。

あるいは、はじめから「**課長のご都合のよいときに報告をしたいのですが、いつ頃がよろしいですか？**」「**今日どこかでお時間をいただけますか？　5分ほどいただけたらお話しできます**」のように伝えてもよいでしょう。「10時だったらいいよ」「今は無理だけど、後で〇〇さんの席に行くね」などと、回答してくれると思います。

中には「後で聞くから」と言いながら、忙しさのあまり、忘れられる場合もあるかもしれません。その場合は、あきらめずに再度打診するようにしましょう。

テレワークを行っている人は、報連相をチャットで行うことも多いと思います。チャットの場合も、基本は対面のときと同じ対応になります。チャットを打つときに、「〇〇〇についてのご報告をお送りします。お手すきの際にご確認いただけますか。何かありましたら、いつでもご連絡いただければ幸いです」など、最後に相手の都合に配慮する一文を添えるとよいでしょう。

大切なのは、上司や先輩に「報連相を行う意思がある」という姿勢を見せることです。聞かれる前に先手を打ってトラブルを未然に防ぎ、仕事をスムーズに進めましょう。

指示をもらうときは不明点をなくす

指示をもらうときのポイント

１つ前の項で、仕事は「上司の指示」から始まるとお伝えしました。

では、指示をもらうときはどのような姿勢で臨めばいいのでしょうか。指示を受けるときのポイントは、大きく分けて次の４つになります。

①呼ばれたらすぐに明るい声で返事をする
②話をよく聞き、５Ｗ３Ｈで要点を書き留める
③不明点・疑問点は質問する
④要点を復唱・確認する

それでは、1つずつ確認していきましょう。

①呼ばれたらすぐに明るい声で返事をする

呼ばれたときは、すぐに上司のほうに顔と身体を向け、挨拶と同様に「はい！」と明るく返事をしましょう。明るい返事は、呼んだほうも気持ちがよいですし、やる気も伝わります。作業中の業務を一旦止め、ペンとメモ用紙を準備して上司の元へ向かいます。指示された内容を忘れないように、確実に書き留めておくためです。

ここ最近は、指示された内容をスマートフォンのメモアプリなどに入力する人も増えました。ただし、前章で述べたように、スマートフォンを職場で使うと、話を聞いていないように見えることがあります。職場によってルールが異なりますので、使用してよいかどうか、前もって確認しておきましょう。

②話をよく聞き、5W3Hで要点を書き留める

指示を受けるときは、要点（ポイント）をメモに書き込みます。メモがあると仕事に取り掛かりやすくなりますし、再度質問が出てきたときに、相手の話を聞いていた証拠にも

なります。5W3Hを意識しながら書き込みましょう。

上司や先輩が話をしている間は、質問したいことが出てきても、まずは話を最後まで聞きます。話している途中に遮ってしまうと、話が最後まで辿り着かず、渋滞してしまいます。また、話の流れやテンポを崩されるので、指示する側にとってストレスになることも。質問は、区切りのよいところか、最後まで話を聞き終えてから行います。

③不明点・疑問点は質問する

5W3Hを意識しながら指示された内容をメモに書き込むと、足りない点やわからない点が明確になります。相手の話が終わったら、その不明点・疑問点を確認しましょう。もちろん、5W3Hに関わること以外でも、指示された内容を進めるうえでどうしても気になる点がある場合は尋ねるようにします。

④要点を復唱・確認する

メモを書き終えたら、指示を受けた内容を復唱します。復唱することで、お互いの認識にズレがないかどうかをしっかりと確認することができます。

これらを一つひとつ丁寧に行うことで、指示する側も安心して仕事を任せられますし、指示を受けた側も、指示内容を着実に実行に移すことができます。

疑問点は出てきた時点で「すぐに」聞く

実際に仕事に取り掛かってみると、指示を受けた時点では不明な点がなくても、疑問点が出てくることがあると思います。そのようなときは、遠慮なく質問しましょう。「質問したら、きちんと聞いていなかったと思われるのでは……」などと心配する気持ちもあるかもしれません。ですが、わからないまま自分の解釈で進めると、かえってトラブルになることもあります。「どうして途中で聞かなかったの？」と言われることにもなりかねません。**わからないことは早めに解決したほうが、結果的に仕事がスムーズに進みます。**

再度質問するときは、相手の話を聞いたうえで、それでもわからなかった旨を伝えます。「先ほど伺った指示について、実際に取り掛かってみると疑問点が出てきました。お時間を取って申し訳ないのですが、もう一度教えていただけますか？」というように、クッション言葉も上手く活用しながら伝えましょう。聞いたことをメモして、理解したうえで、それでも聞きたい意思が伝われば、相手も応えてくれるはずです。

はじめて取り組むことに、疑問点が出るのは当たり前です。聞くことは恥ではありません。わからないことが出てきたら、恐れず聞いて、早めに解決しましょう。

報連相①　報告

報告に適した3つのタイミング

ここからは、実際に「報告」「連絡」「相談」を行うときのポイントについて、1つずつお伝えします。

報告するときは、何を伝えるといいのでしょうか。大きく分けると、次の3つです。

①結果を報告
②経過を報告
③トラブルを報告

報告は、指示を受けた仕事が終了したタイミングで行います。また長期にわたる仕事の場合は、経過を報告します。進捗状況、今後の見通し、新たな情報や問題点を報告しましょう。緊急性が高いけれども後回しにしてしまいがちなのは③です。ミスやトラブルが起きると、自分が責められるのではないかと感じたりして報告が遅れがちですが、悪い状況のときほど迅速に報告しましょう。早めに対応でき、トラブルが深刻化する前に対処できます。

報告の基本5か条

では、報告する際はどんなことに気をつけるといいのでしょうか。報告するときの基本は、次の通りです。

①結論から話す
②具体的な数字や5W3Hを用いて、正確にわかりやすく伝える
③口頭で行うか文書で行うかを判断する
④適切なタイミングで報告する
⑤事実と意見を明確に区別する

これらの基本を踏まえて、例を見ながら報告のコツをつかんでいきましょう。

報告するときは「結論」「理由」「経過」を伝える

報告は「結論」から話します。最初に結論を知ってから、そこに至る詳細を聞くほうが状況を理解しやすいからです。悪い報告のときは言いにくいかと思いますが、「残念ながら」「申し訳ありませんが」とクッション言葉をつけて伝えましょう。

わかりやすい報告を行うには、相手が理解しやすいように事実を整理しておくことが欠かせません。

報告するときも、5W3Hを意識したメモを活用しましょう。特に「**数字**」（**期日や値段、数量**）**と**「**名称**」（**担当者の名前、商品名、社名**）**は正確に。**また、「**概《おお》ね**」「**少し**」「**まあまあ」などの曖昧な表現は使わないようにします。**それらをもとに、「結論」「理由」「経過」を3点セットで用意し、メモに書いたことだけを報告しましょう。自分の意見が混ざってわかりにくくなることを防げます。

また、問題が発生しているときこそ、次ページのように、より詳細に説明をしましょう。

理想の報告

「そのプロフェクトにつきましては、概ね順調に進んでいます。少し問題もありますが、大した問題じゃないので大丈夫です。全体としては、まあまあよい感じだと思っています」

↓

「現在のプロジェクトの進捗状況ですが、全体の80％が完了しています。ただし、○○の納期に若干の遅れが生じており、現在その解決に向けて対応中です。全体のスケジュールには影響はありません」

「タスクはほぼ完了していますし、プロジェクトAは順調です」

↓

結論：「プロジェクトAは予定通り進行しています」
理由：「タスク1とタスク2が完了し、タスク3は70％進行中です。特に問題は発生していません」

自分ではたいしたことがないと思っていても、上司からすると大きな問題である可能性もあります。報告は状況を把握してもらうためだけではなく、上司が仕事の判断をし、次のアクションを考えるためのものです。リスクヘッジの意味も兼ねて、自己判断をせずに詳細に報告することを習慣付けておきましょう。

報告の手段とタイミングを考える

正確な報告のためには「口頭」か「文書」かの判断も重要です。数字や名称などの複雑な情報が絡む報告をする場合は、口頭だけでは不十分なこともあります。正確に報告するためにも、報告書やメールなどの文書もセットで伝えるようにしましょう。

また、できるだけ早く報告することが基本ですが、上司はいくつもの案件を抱えていて忙しいものです。状況を見て、上司の都合を確認しながら報告しましょう。

事実と意見を区別する

報告するときは「事実」と「意見」を明確に分けます。自分の意見や考えを持つことはとても大切ですが、慣れないうちから意見を言おうとしてしまうと、「意見」と「事実」が混在しがちで、上司が的確な判断をしにくくなります。

「事実」とは、受けた指示に対して自身が行ったこと。また、それに対して相手から得た反応（結果）と考えるとよいでしょう。「お客様は〇〇〇とおっしゃっていました」のように、実際にどう言われたかを伝えるようにします。自分の推測を入れるのではなく、起こったことだけを端的に話すようにしましょう。

自分の意見を求められたり、どうしても伝えておいたほうがいいと思われる私見がある場合は、「これは私の考えですが」と前置きをして、最後に伝えます。

報連相② 連絡

こまめな連絡で業務をスムーズに

「報告」は業務が完了したことや、行動した結果を伝えるものです。「連絡」**は遅刻や欠席などの出退勤に関することや、打ち合わせ時間・場所の変更など、日々の仕事を行ううえで欠かせない情報を関係者に伝え、スムーズな業務遂行をサポートすること**です。連絡事項は多岐にわたります。正確かつ迅速に伝えることを意識しましょう。きちんとした連絡は、安心感や信頼につながります。

連絡を行うときは、次の3点に留意します。

①正確かつ迅速に伝える
②関係者に漏れなく確実に伝える

③適切な手段を状況により使い分ける

1つずつ見ていきましょう。

①正確かつ迅速に伝える

連絡の最も大切なポイントは、正確な情報を簡潔かつ速やかに伝えることです。日程や会場などの変更や緊急の用件は、迅速かつ確実に伝えましょう。外出、遅刻、早退、欠勤といった日常的な連絡も、その都度こまめにします。どれも仕事に影響をもたらすものですので、新人の頃は、特に連絡を頻繁に行うよう心がけましょう。

②関係者に漏れなく確実に伝える

誰にどこまで連絡をすればいいのか迷ったら、上司や先輩に相談しましょう。同じ部署で複数人が関わっている場合、特定の人にだけ連絡をして、ほかの人に連絡を省略したりすると、それだけで不快な思いをさせてしまう可能性があります。**連絡は必要な人たちに漏れなく伝わるよう心がけましょう。**そのためには、確実に共有できる連絡方法を考えることも大切です。

③適切な手段を状況により使い分ける

連絡手段はさまざまです。正確かつ迅速に連絡するためには、それぞれの特性を理解し、どの連絡手段が最も適切なのかを考えましょう。緊急性が高ければ電話がベストですし、緊急性が高くないものや、複数人に連絡が必要なものならメールやチャットが適しています。概要を電話で伝え、詳細はメールで、と電話とメールを併用するなど、緊急度、伝える相手、人数、内容などを考慮して判断します。

日々の細々とした連絡をこまめに行うことで、上司や先輩も安心して仕事に取り組むことができます。また、連絡を円滑に行っている職場は、自然と仕事もスムーズに進みます。迷ったら連絡することを心がけることで、職場でのコミュニケーションを活性化させましょう。

報連相③　相談

相談上手は成長上手

報連相は、周囲の人と人間関係を作り、円滑に仕事を進めるためのコミュニケーション方法の1つです。特に「相談」は、職場の人たちとの関係性を作るのに最適なアクションと言えるでしょう。

とはいえ、年上の先輩や上司に相談するのは、なかなか難しいですよね。つい遠慮してしまう人もいるかもしれません。ただ、知っておいてもらいたいのは、**後輩から相談されるのが嬉しいと感じる人は意外と多いということ**です。

誰しも、頼りにされれば嬉しいものです。相談も同じです。相談されることで、何か役に立ちたい、実りあるアドバイスをしたいと思ってくれる先輩は多いです。

相談するということは、仕事に対して一生懸命向き合っていることの表れでもあります。仕事を進めるうえで迷ったり悩んだりしたときは、1人で抱え込まず、ぜひ周囲の人たちに相談しましょう。相談上手の人は必ず伸びます。

相談したら「結果」と「お礼」を必ず伝える

では、相談するときは、どんなことに気をつけるといいのでしょうか。ポイントは4つあります。1つずつ見ていきましょう。

①相談することを整理し、焦点を明確にする

1日は24時間。誰もが限りある時間を工面しながら仕事をしています。相談する内容の焦点が定まっていないと、相手の時間を奪ってしまうことになります。相談するときは、**何について悩み、何に困っているのか、現状を把握したうえで行うようにする**と的確なアドバイスをもらいやすくなります。

②自分なりの解決法を考えておく

相談したい内容を整理したら、自分なりの解決策を考えておきます。よい解決策が思い浮かばないという場合でも、考えた過程を伝えられるようにしておきましょう。積極的な姿勢が示せます。

③「自分で解決する」という姿勢を持つ

せっかく有益なヒントやアドバイスをもらっても、仕事に対して受け身でいると、問題はいつまで経っても解決しません。相談した後は、もらったアドバイスをもとに、自分で解決しようとする気概が必要です。もちろん、どうしても解決できないと感じたときは、再度相談したり、その問題に詳しい人を紹介してもらうなどして、可能な限り広く情報を集めるようにしましょう。

④後日、必ず結果とお礼を伝える

相談したらお礼を言ってそのまま終わりにするのではなく、後日、必ず結果とお礼を伝えましょう。相手は貴重な時間を割いてあなたにアドバイスをしています。また、その後どうなったのかを気にかけています。たとえ悪い結果で言いづらかったとしても、必ず伝えましょう。それが、さらなる話のきっかけになって、別のアドバイスをくれるかもしれません。結果の善し悪しではなく、きちんと結果報告をすることが、よりよい関係の構築につながります。

相談せずに自己判断で仕事を進めると、問題が深くなることもあります。若手のうちは、知識も経験も少ないのですから、相談して当たり前。むしろ、積極的に相談するほうがよいのです。素直に相談できる人こそ、可愛がられます。

また、上司は自分の仕事をしながら、部下の仕事も気にかけています。ですから、まめに報連相があると様子がよくわかり、安心できるのです。

こまめな報連相こそ、信頼につながります。ぜひ報連相で人間関係を築き、仕事を進めやすい環境を自ら創り出していきましょう。

【ワーク】実際に報連相をしてみよう

ここからは、実際のケースを紹介します。みなさまならどうするかを考えてみましょう。

ケーススタディ①　資料作成が間に合わないとき

あなたは、お客様を訪問する際に必要な資料の作成を上司から指示されていました。しかし、訪問日が来週の金曜から今週の金曜に変更になったことを失念していました。気づいたのが本日（水曜日）で、まだ資料はできておらず、今から取り掛かっても間に合うかどうかわかりません。

このようなときは、どうするべきでしょうか？

対応例

①まずは落ち着いて上司へ報告

まず、上司に現状を報告します。焦ったまま報告してしまうと、話の内容が上手く伝わらないことがあります。落ち着いて、次のように伝えるようにします。

「○○さん（上司）、お疲れ様です。今、急ぎで5分ほどお時間よろしいでしょうか。お客様訪問の資料作成についてご報告があります。来週の金曜日だと思っていた訪問が、今週の金曜日に変更したことを失念しており、資料がまだ完成していません。大変申し訳ございません。急いで作成を進めますが、間に合わない可能性があります。ご指示をいただけますでしょうか」

②対応策の検討

上司に報告した後、対応策を検討します。上司から指示があった場合は、その指示に従います。重要なのは、先に1人で対応策を考えるのではなく、上司に報告してから行うということです。

・優先順位の見直し……ほかの仕事との兼ね合いについて確認
　資料の中で最も重要な部分（提案内容など）を優先的に作成。
・チームの協力を仰ぐ……ほかのチームメンバーに協力を依頼し、分担して資料を作成。
・テンプレートの活用……既存のテンプレートや過去の資料を活用し、効率的に作成。

③訪問先への連絡

場合によっては、お客様に訪問日時の再調整をお願いすることも検討しましょう。ただし、これはあくまでも最終手段です。お客様は、自分たちの訪問のために時間を割いてくれているということを忘れず、まずは資料作成を優先します。

どうしても再調整が必要な場合は、次のように連絡を入れます。

「お世話になっております。××商事の△△でございます。急なお願いで恐れ入りますが、今週の金曜日の訪問について、資料の準備が間に合わない可能性があるため、訪問日時の再調整をお願いできないかと考えております。大変申し訳ないのですが、ご都合のよい日時を再度お聞かせいただけますでしょうか」

④進捗の報告

資料作成の進捗状況を上司に随時報告し、必要に応じて追加の指示を仰ぎます。

「○○さん、お疲れ様です。現在、資料の主要部分は完成しましたが、詳細部分がまだ完成しておりません。引き続き作成を進めますが、何か追加の指示があればお知らせいただけますでしょうか」

ケーススタディ②　顧客からのクレーム対応

新入社員のあなたは、顧客から「納品した商品に不具合がある」とクレームを受けました。しかし、このような出来事ははじめてで、どのように対応したらよいかわかりません。

どうするべきでしょうか？

対応例

①上司や先輩に相談する

クレーム対応は非常に重要です。会社の信頼や顧客満足度に直結するからです。新人のうちは、まずはお客様の話をきちんと聞き取ったうえで、どのように対応すべきか、すぐに上司や先輩に相談しましょう。自己判断せず、必ず相談して指示を仰ぎます。

「顧客の○○様から、商品に不具合があるとのご意見をいただきました。どのように対応したらよいか、ご指示をお願いいたします」

マニュアルがある場合は、それを参照して、自分なりに対応策を考えることも大切ですが、その対応でよいのか、必ず相談しましょう。

「マニュアルには初期対応として交換の手配をすると記載してあるので、この通りに進めようと思うのですが、いかがでしょうか？　ほかに何か注意すべき点や追加の対応が必要か、アドバイスをいただけますか？」

②進捗状況を報告する

方法を教えてもらったり、アドバイスをもらったりした後は、進捗状況を上司に報告します。特に、はじめて担当する仕事はこまめに報告しておくことが重要です。

「（上司に）先日ご相談させていただいた〇〇様のクレームの件ですが、順調に交換の手配が進んでおります。アドバイスしていただいたように、詳細についても〇〇様にお問い合わせ中です。進捗があり次第、再度ご報告いたします」

第6章

もっと「好かれる人」になるために押さえておきたい立ちふるまい

これまでは主に言葉遣いや話し方についてご紹介してまいりましたが、この章では、好かれる人が大切にしていることを紹介します。みなさまがどんな人でありたいかを考えるステップでもあります。日々のちょっとした心がけや気配り、物事の捉え方、丁寧な所作やふるまい。これらを磨くことで、みなさまの魅力はさらに増し、周りの人により信頼され、応援されるようになるでしょう。

相手の名前を大切にする

「あなただけに話しかけている」という特別感

名前は、誰にとっても大切なものです。その大切な名前を呼ぶことは、「あなたの存在を認めています」ということであり、ビジネスシーンにおいても、非常に重要な意味があります。人は名前を呼ばれると、自分が認められていると感じます。これは人が自然に持っている承認欲求を満たすからだと考えられています。名前で呼びかけられると、それだけで覚えてくれているんだと感じて、嬉しくなりますよね。**名前を呼ばれることで親近感も増しますし、良好な人間関係を築く助けになります。**名前を呼ぶことには、さまざまな心理的効果があるのです。

世界的に有名なホテル「ザ・リッツ・カールトン」は、宿泊客を名前で呼ぶことで知られています。実際に宿泊すると、常連でもないのに、常に名前で呼びかけてくださるので、とても温かな気持ちになります。なにより、宿泊するお客様一人ひとりを名前で呼べるように努力をされているのだと思うと、その姿勢に感動するのです。名前を呼ぶことの価値を改めて感じます。

「〇〇さん、おはようございます」「お疲れ様です。〇〇さん」と、挨拶のときに名前を呼ぶことから始めましょう。名刺交換をする際に「〇〇様ですね。よろしくお願いします」と名前を確認するのもよいですね。お礼を言うときは「ありがとうございます、〇〇さん」と、感謝の言葉と共に名前を呼ぶことで、より強く感謝の気持ちが伝わります。普段の会話の中にも、ときおり名前をちりばめると、「あなただけに話しかけています」という特別感が醸《かも》し出されます。それほど名前には、相手とのコミュニケーションを左右する力があるのです。

ぜひ相手の名前を呼びかけることを意識しましょう。

相手の名前を書くときは正式な表記を

対面で話すときと同様、ビジネスメールや文書を送るときも、相手の名前は大切に扱うようにしましょう。

名前の漢字を間違えるのは、大変失礼なことです。同じ読み方でもいろいろな表記がありますので、パソコンなどでは自動変換され、うっかり間違えてしまうということが意外と起こります。

「絵里」さんを「絵理」さんと表記するといった失礼のないよう、相手の名前を書く際は念入りに確認することを心がけましょう。

また、同じ「サイトウ」さんでも、「斉藤」「齊藤」「斎藤」「齋藤」など、「ワタナベ」さんでも、「渡辺」「渡邊」「渡邉」など多くの表記があります。こういった名字の人の場合、簡単な表記を使ってよいものなのか、失礼にならないのかと迷ったことがあると思います。

正式なビジネス文書や招待状などのフォーマルな書面では、正しい漢字表記で書くのが

原則です。はじめてやりとりを行う際も、正式な表記を書くようにしましょう。

ですが、正式には「齊藤」という表記であっても、ご自身で「斉藤」と表記している人もいます。メールなどのテキストでは、文字化けしてしまうこともありますので、あえて一般的によく使われる漢字を選択している場合もあるでしょう。

私自身、本のカバーには「髙田将代」と表記していますが、正式な表記は「髙田将代」です。「髙田」の「髙」は、いわゆる〝はしごだか〟と言われるもので、「將」は「将」の旧字です。ですが、あえて「将代」としています。また、メールをいただいたときに「高田様」という表記を見かけても、特に気にはなりません。

相手が自ら使っていたり、付き合いの中で、正式な表記でなくてもよいと明示している場合は、相手に合わせて、簡単な表記を使ってもよいでしょう。

自分という存在を最も確認できるものが名前です。呼びかけるときも書くときも、十分に気を配りましょう。「名前を大切に扱う」ことを心に刻みたいですね。

喜び上手、受け取り上手になる

感謝の気持ちは相手の背景を想像して伝える

相手が喜んでくれるようなお礼の伝え方をしていますか？　感謝の気持ちを伝えることは、とても大切です。このお礼の伝え方で差が出ます。

たとえば、お願いしていた期日より早くデータをもらったときや、依頼した以上の成果を出してくれたとき。先方がどれほど急いでくれたのか、よいものにしようと頑張ってくれたのかを、想像してみましょう。忙しい中、時間を割いて尽力してくれたのでしょう。ただ「ありがとうございます」と伝えるだけではなく、**「早急にご対応いただき大変助かりました。おかげさまでよりスムーズに進めることができそうです」「これほど素晴らしいものをありがとうございます」**などと、もう一言添えましょう。

日頃の感謝の伝え方も、「いつもありがとうございます」よりも、**「いつもお心にかけていただきまして、ありがとうございます」**と伝えると丁寧です。急に頼みごとをしたときは、**「急なお願いにもかかわらず、快く引き受けていただきありがとうございます」**など、何に対して感謝しているのか、どれほど嬉しいのか、それが伝わるように言葉にしてみましょう。感謝の気持ちや喜びは、言葉を尽くして伝えないともったいないです。喜びを表現することが、相手に対する最大限の気遣いになります。

手みやげ一つとっても同様です。手みやげを選ぶときは、相手のことを考えてあれこれ悩みますよね。「どんなものなら喜んでいただけるか」を考え、お店に足を運び、時間を使って、それでもなかなか決まらないことも……。ですから、お渡しした後、相手が喜んでくれたかどうかはとても気になります。だからこそ、「とても美味しかった」「皆が喜びました」など、後から一言もらえるだけで、本当にほっとしますし、嬉しくなります。

お礼を伝えるときは、その背景にまで思いを馳せましょう。そうすると、「ありがとうございます」という言葉以外にも伝えたいことが自然と思い浮かぶはずです。

喜び上手は受け取り上手です。感謝の気持ちは出し惜しみせず、できる限り言葉にして、笑顔とともにしっかりと伝えましょう。上手に受け取ると、相手も喜んでくれます。いつも感謝の言葉を惜しまず表現する人には、誰しも「この人のためなら」と思って行動したくなるでしょう。

感謝の気持ちは何度伝えてもいい

社会に出ると、会食の機会も増えます。相手が上司や取引先の場合、お礼の伝え方にも気を使いたいですね。

お礼は、会食を終えたその場でまず伝えます。さらに帰宅後、もしくは翌日にメール等で改めてお礼を伝えます。社内の人なら、口頭で伝えられますね。ご馳走になったのが上司だった場合、翌日顔を合わせたときに、「昨日はご馳走さまでした」という言葉がないと、少々残念に感じる人が多いと思います。その場だけではなく、改めてお礼を伝えるというのは非常に大切なことなのです。

ご馳走になった場合は、そのお礼を。ご馳走する側になった場合は、時間を割いてもらったことへの感謝を伝えましょう。また、後日お目にかかったときに、「その節はありがとうございました」と、再度伝えられるとよいですね。

また、お礼をメールで伝えるときは、「ご馳走様でした。ありがとうございました」だけではもったいないです。取引先だと余計に固くなりがちですので、気持ちが伝わるような感情表現を入れることをおすすめします。**お店のことや料理のこと、会食中の会話のことなど、あなたが感じたことを加えましょう。**「いろいろなお話を伺えて本当に楽しかったです」「とても素晴らしいお料理でした」「はじめていただきました」などです。また、今後につながる言葉も添えられるとよりよいですね。「ぜひ、お返しする機会をいただけますと幸いです」「またぜひご一緒させてくださいませ」などです。

もちろんこれは会食の場に限らず、どんなビジネスシーンにも言えることです。**感謝の気持ちは、何度お伝えしてもよいのです。**複数回伝えることで、相手に感謝の気持ちがしっかりと伝わります。それは、良好な関係につながるでしょう。

手みやげはちょっとした気遣いを添える

相手が笑顔になれるものを

お客様や取引先に伺うときに、挨拶やお礼の意味を込めて手みやげをお持ちする機会があるかと思います。言葉を選ぶときと同様、手みやげも、相手の気持ちに寄り添って選びましょう。

手みやげは、どなたにどんな場面で食べていただくかなど、相手のことを想像し、笑顔になってもらえるものを選ぶことが大切です。**人数や相手の状況、取引先の雰囲気も想像したうえで考えましょう。**

ビジネスシーンではお菓子が定番です。自分が食べたことのある、自信を持っておすすめできるものを選びましょう。遠方の人に会う場合は、自分の地元でしか買えないものをお持ちすると喜ばれます。ほかにも、高価すぎないもの、常温で日持ちするもの、個包装で分けやすいものなどを選びましょう。相手の会社と競合する商品やそのことを連想させる品物、取引先の近くで購入することは避けます。手みやげをいつ贈ることになってもいいように、普段から、さまざまなギフトにアンテナを立てておくといいでしょう。

また、その場で分けていただくようなお菓子を持参する場合は、懐紙《かいし》を添えるのもおすすめです。懐紙には、美しいデザインや季節感のあるものがたくさんあります。そうしたものを敷いていただくと、見た目にもよいですし、おいしさが引き立つ気がします。また、会話のきっかけにもなるでしょう。時間が許すようでしたら、素敵な懐紙を選んで、手みやげと一緒に渡してみてください。

お渡しするときは紙袋から出す

訪問した場合の手みやげは、応接室に通されて挨拶が終わったタイミングでお渡ししします。必ず紙袋から出し、相手に正面を向けて両手でお渡ししましょう。紙袋は持ち運びとほこりよけのためのものですから、たたんで持ち帰ります。

会食の場合は、会食が終わって帰るタイミングでお渡しします。外出先では紙袋のままお渡ししたほうがスムーズな場面もあるかと思います。その際は必ず「紙袋のままで失礼します」という一言を添えましょう。お渡しするときは紙袋を下から片手で支え、もう一方の手は持ち手の下のほうを押さえ、相手が受け取りやすいように工夫します。場合によっては一度紙袋から出して渡し、「よろしければこの袋もお使いください」と言って紙袋を添えると、とても丁寧な印象を与えます。

相手が複数人の場合は、先方の上席の方にお渡しします。上司が同行している場合は、上司から渡してもらいましょう。

手みやげを渡す際は一言を添えて

なお、手みやげをお渡しするときは、以前は「つまらないものですが」と伝えるのがマナーとされていました。この言葉は、「自分なりに心を込めて選んだ品ですが、あなた（のような立派な方）の前ではつまらないものに思えてしまいます」という、相手を高め、自分を下げる謙遜の意味合いを持ちます。

けれども、ここ最近はニュアンスが伝わりづらいと感じる人も増えており、別の表現に変わりつつあります。相手のことを思って選んだことを素直に表現する伝え方が主流となっているのです。ですから、「**心ばかりの品ですが**」「**お口に合うかどうかわかりませんが、とても人気のあるお菓子なんです**」「**私がとても気に入っているお菓子なので、ぜひ召し上がっていただきたくて**」のように、気持ちをストレートに表現するほうが好感を持たれます。謝罪の場合は「せめてものお詫びですが」といった言葉を添えましょう。

ビジネスシーンでは、手みやげにも重要な役割があります。選び方や渡し方に、どれくらい気遣いがあるかが表れるものです。手みやげ一つでもこれほど考えてくれているのだなと感じてもらえると、好感を持たれやすく、よりよい関係を築くことにもつながるでしょう。

誰に対しても変わらないふるまいを

無意識の「上から目線」に気をつける

私が大手の商社に勤めていたとき、個人的に知り合いだったメーカーの人から、「君の会社に、会社をバックにものを言ってくる若い女性社員がいるんだよね」と言われたことがありました。

また、ある会社に勤めている社会人2年目の人は、上司から、「こちらが発注をかける側だからといって、くれぐれも、横柄な態度にならないように」ということを何度も言われていることを教えてくれました。

組織に属すると、関係性によっては、自分が年下であっても、依頼や発注をする側になることが多々あります。そうすると、無意識に上から目線で話してしまうことがあります。そんなつもりはないのに、そう受け取られてしまうこともあるかもしれません。だからこそ、注意が必要です。

どんなときも、どの立場であっても、敬意を失わずに丁寧に話すことはとても大切なことなのです。そういう関係性を築いていれば、トラブルや問題があったときに、本当に親身に力になってくれるでしょう。本当の人間関係、信頼関係は力や上下関係ではなく、日頃の言葉の積み重ねで作っていくものです。

相手によって変えないふるまいにこそ品が表れる

みなさまが「この人のもとで働きたい」と思うのはどんな人でしょうか。私は、相手によって態度を変えない人を好ましく思っています。「誰に対してもフラットに接する」ということは、なかなかできることではありません。私が知る限りでは、**社会的地位が高い人や、素晴らしい実績を持っている人ほど腰が低く、誰に対しても平等に、丁寧に接しているることが多いです。**

世の中には、名の知れた人や役職のある人にはきちんと丁寧に話す一方で、お店の人や自分より年下、あるいは地位が下だと思われる人に対しては、急に態度を変え、ぞんざいな話し方になる人がいます。

ですが、いくら自分が上の立場だからといって、仕事を頼むときに、「これやっとけ」と言うような人とは仕事をしたくないですし、そもそも尊敬できません。「〇〇さん、この仕事をお願いできますか？」と言われたほうが、断然頑張れます。声の掛け方一つにも、人の器の大きさや品といったものが表れます。

私が新卒で入社した会社は、大阪と東京の両本社制で、配属されたのは大阪本社でした。少々ラフな関西弁も飛び交う職場でしたが、私の上司は、とてもきめ細やかな指示を出す人でした。何か仕事を頼むときは「〇〇さん、これをお願いできるかな」と丁寧に指示してくれました。同期よりもはるかに丁寧な言葉で話してくれる上司に、いち社会人として、大切に扱われていると感じていました。

メモ一つとっても指示が的確かつ本当に達筆で、この上司の期待に応える仕事をしたい、恥ずかしくない仕事をしたいと思ったものです。残念ながらその上司は、私が退職して数年で亡くなられてしまいましたが、尊敬できる人と一緒に仕事をさせてもらったことは、今でも忘れられない記憶として心の中に残っています。

人は、自分を丁寧に扱ってくれた人のことをずっと覚えているものです。相手によってふるまいを変えず、誰に対しても丁寧に接することで、折に触れて思い出してもらえる人になるでしょう。

お客様側ともてなす側は「対等」

ここ数年、カスタマーハラスメント、いわゆる「カスハラ」という言葉を耳にする機会が増えました。カスハラとは、お客様側が、理不尽な要求やクレームをお店側・企業側に訴えることを指します。

日本は、おもてなし精神に溢れた国というイメージがありますね。かつては「お客様は神様です」という考え方でお客様に接することを大切にしている時代もありました。ただ今は、その「お客様は神様です」ということを曲解《きょっかい》し、お金を払う側であればどんな無理な要求をしてもよいと考える人が増えてきています。以前に比べて、お客様の「質」が変わってきているのを感じます。

ですが本来、**お客様側ともてなす側は対等な立場**にあります。お互いに敬意を持っているからこそ、もてなす側は心を尽くしたサービスが提供できますし、受け取る側も、気持ちょくサービスを享受することができるのです。

こうしたことは、接客業に限らず、どんな仕事でも同じではないでしょうか。相手があってこそ仕事は成り立ちます。どんなときも、相手が誰であっても、敬意を失わず、丁寧に接することで、誰からも信頼されるビジネスパーソンに近づきます。

「自分がどうありたいか」を大切にする

逆に、自分が接客される場合に「え？」と感じるような対応をされたときは、どのようにするとよいでしょうか？　心に余裕がなかったりすると、イライラしてクレームを言いたくなることもあるかと思います。ですが、そんなときこそ、**あえて「にこやかに、丁寧に」言葉をかけてみることをおすすめします。**

あるホテルのレストランを利用したときに、あまりにも無愛想なスタッフがいました。不機嫌さを隠そうともしません。すぐにクレームを入れることもできましたが、あえてその人がサーブしてくれるたびに、にこやかにお礼を言ったり、言葉をかけたりしていました。すると、だんだんそのスタッフの顔つきが変わり、30分も経たないうちに別人に！　とてもにこやかに、親切な対応をしてくれるようになったのです。その変わり様には、一緒にいたみなさまも目を見張り、驚いていました。

この話をした後に、実践してくださった受講生がいました。コンビニでろくにお客様の顔も見ず、ぼそぼそとした声で接客をしている若い男性からおつりをもらったときに、笑顔で「ありがとう」と言ってみたそうです。すると、その男性がハッとして、急に背筋を伸ばして、「ありがとうございました」と元気に言ってくれたそうです。これは嬉しい変化ですよね。

このときは、たまたま上手く事が運んだだけなのかもしれません。ですが、相手の行動にイライラして、自分も不機嫌になったりクレームを言ったりしても、スッキリする、気分がよくなるといったことはあまりないと思うのです。自分がにこやかに丁寧に接すると、相手が変わることもあります。もちろん、きちんとクレームを伝えるべき場面もありますが、自分の行動がよい方向へ波及していく心地よさを、ぜひ知ってほしいと思います。

誰に対しても変わらず丁寧に接することは、簡単ではないかもしれません。こちらがどんなに心を込めて接しても、相手からの反応を得られないこともあるでしょう。

そんなときに大切にしたいのは、相手がどうであれ、**「自分がどうありたいか」「どんな人になりたいか」**という気持ちで行動することです。

相手が変わることを期待するのではなく、自分が人に対して「どうありたいか」を大切にすると、予想外の嬉しい変化を目にしたり、心地よい循環が生まれたりします。

また、誰に対しても心を尽くして接しているうちに、自分も同じように接してもらえたり、気持ちよく過ごせたりすることが増えていきます。ぜひこのことを心の片隅に置いて、相手に「こうあるべき」と求めるのではなく、自分のあり方を変えることで、心地よい関係を自ら作り出してほしいと思います。

ゆっくり動くほうが上手くいく

「心のゆとり」は周囲に伝播《でんぱ》する

「余裕のない自分の行動や纏う空気が、周りの人に迷惑をかけていないか、気になるんです。仕事中はせめてもっと落ち着いて行動したい、周りの人を自分のバタバタした空気に巻き込みたくないんです」

そう話してくださる若手社員さん。素晴らしい考え方だなと驚きました。

新人が仕事を覚え、成長していくには、周りの先輩方をしっかりと見て、聞いて、吸収することが大切です。そして、職場に明るく元気で前向きなエネルギーを届ける存在であってほしいのです。そのためには、どんなに忙しくても、心が整った状態であることが非常に大切です。そのほうが、仕事のパフォーマンスも高まります。

順天堂大学医学部教授・小林弘幸《こばやしひろゆき》先生のご著書『「ゆっくり動く」と人生がすべてうまくいく』（ＰＨＰ研究所）に、「ゆっくり動くことで呼吸が整い、自律神経が整って心も体も強くなる」とあります。さらに、「自律神経のバランスの良し悪しは周りに伝染する」ともされています。つまり、**自分の状態は、周りにも影響する**ということです。自分の心の状態が自分だけではなく、周りにも影響を与えるのであれば、なおさら気をつけたいですよね。

若手に限らず、**余裕がないと感じたときこそ、深呼吸をし、姿勢を整え、落ち着いて丁寧に行動してみましょう。**あえて丁寧にふるまうことで、心が落ち着きます。心が落ち着くと、一つひとつの作業を丁寧に進められるため、かえって物事が効率よく進みます。

ふるまいが「心」を作る

覚えることがたくさんあって忙しい、失敗したりして上手くいかないこともある。そんな中で、なかなか心に余裕を持てないという人もいるでしょう。仕事に追われて心に余裕がなくなると、視野が狭くなり、気づかないことやミスが増えます。また、行動も雑になりがちです。

「忙しいが口グセになる」「気がつくと早口になっている」「パソコンのキーボードを大きな音を立ててたたく」「足音をカツカツと鳴らし、ドアをバタンと閉める」「電話をガチャンと切る」「物を雑に扱う」など、思い当たる人もいるのではないでしょうか。心の余裕のなさはこういった行動に表れます。必要以上に大きな音を立てる行動も多いので、実は周りの人も耳障りに感じていたりします。

まずはそういった行動を見直します。あえてゆっくりと動くのです。**ゆっくりといっても、スピードを遅くするのではなく、落ち着いて丁寧に動きます。**資料や書類を渡されるときに、顔も見ずに渡されたり、投げつけるように渡されたりすると、決していい気はしません。力になりたいという気持ちを失ってしまうかもしれません。けれども、両手で丁寧に「どうぞ」と差し出されると、気持ちもよいですし、自分が大切にされていると感じるでしょう。たったそれだけのことですが、人との関係にまで影響があるのです。

言葉だけではなく、所作を丁寧にすることも、相手への敬意を示す方法の一つです。

物をそっと置く、両手で扱う、静かに歩く、静かに着席する、無駄に音を立てない。そういった行動の一つひとつを見直す、つまりふるまいを変えることで、心も落ち着いていきます。「心を整える」「心にゆとりを持つ」と言われると難しく感じてしまうかもしれませんが、ふるまいを丁寧にすることで、心は確実に変化していきます。

心に余裕がないと感じたときこそ、ゆっくりと丁寧な行動を心がけてみましょう。心にゆとりが生まれ、自分も人も大切にすることができますし、社内でのみなさまの印象が変わります。

物の扱い方に人の本質が表れる

丁寧なふるまいに関することで、ぜひ知っておいてもらいたいことがあります。それは**「物を大切に扱う」**ということです。

もともと日本には、物に命や魂が宿ると考える文化があります。だからこそ、物を大切にし、感謝の気持ちを持って丁寧に扱ってきました。

物の扱い方は人の扱い方に通じます。丁寧に物を扱うということは、人を丁寧に扱うことでもあり、その人の本質が表れます。物の扱い方に気を配ることで、周囲の人たちが気持ちよく仕事をすることができるでしょう。

また、物を丁寧に扱うためには、細やかな気配りも必要です。商品やパンフレット、書類、ペン……仕事に関わる物に気を配り、大切にすることは、仕事への真摯な姿勢と結びついて、信頼につながります。取引先とお会いするときに持つビジネスバッグや名刺入れなども、必ず手入れが行き届いたものにしましょう。これらすべてが丁寧な仕事につながります。

思わず心をつかまれた人がしていたこと

相手の話を覚えておく

先日、人生初のぎっくり腰になり、絶対に外せない出張を控えていた私は、藁《わら》にもすがる想いで、整骨院を探しました。なんとか伺ってみたところ、たった一度の施術で信じられないくらい痛みが取れ、先生が神様に見えました。それだけでもファンになっていたのに、さらに心をつかまれることがありました。

無事に出張を乗り切り、帰宅してすぐ先生のところへ伺ったところ、予約もしていないうえに、診察券も出していないのに、名前で呼びかけられたのです。そして施術中には「髙田さん、この前いらしたときにこんな話をされていましたよね。そのことについて、ちょっと考えていたんですけどね……」と、話を切り出されたのです。

些細なことなのに真剣に考えてくださっていて、質問までしてくださったのです。内容も、症状に関することではなく、私が何気なく話したことでした。だからこそ、心をつかまれたのです。

施術中に世間話でしたなんでもない話を覚えてくださっているだけで単純に嬉しいですし、そのなんでもない話を話題にしてくださると、より丁寧に向き合ってくださっていると感じます。

些細な記憶が気遣いにつながる

相手が話したことを覚えておいて、次に会ったときに話題にするというのは、心を傾けて話を聞かないとできません。

先生とは反対に、私は相手の話をすっかり忘れていたことがあります。

私が主催しているテーブルマナーレッスンでは、事前にアレルギーの有無を確認します。そこで、とても反省したことがあります。数年前にテーブルマナーレッスンに参加してくださった方が、コロナ禍があけて、別の実食レッスンに申し込んでくれたときのことです。前回確認したことをすっかり失念していて、再度アレルギーの有無をお尋ねしてしまったのです。とても申し訳ない気持ちになりました。

以前に話されていたことを覚えておいて、さりげなく話題に出したり、対応したりすることは、思っている以上に相手の心をつかみ、喜んでもらえます。誕生日や好き嫌い、アレルギー、ほかにも気づいたことなどを覚えておくと、相手を大切に思っていることが伝わる対応につながるでしょう。

ですが、なかなかすべてを覚えておくことは難しいですし、私のように、そういったことが苦手な人もいると思います。苦手な場合は書き残して、それを見返すようにしましょう。お客様と会話したことをびっしりとメモに記録されている美容師の方もいらっしゃいました。些細なことを覚えておくことは、あなただけの気遣いにつながっていくのです。

ご縁を大切にする

出会いを大切に

先日、「この人と関わることは今後ないだろうな」と感じる出来事がありました。とある集まりで、何人かと名刺交換をしたときです。ある人が、私がお渡しした名刺に、一度も目を落とすことなく、そのまま名刺入れの中にしまわれたのです。さらに、そこからご自身の事業のことを延々と話され、こちらの話を聞こうとすることは一度もありませんでした。

みなさまが同じようなことをされると、どのように感じるでしょうか。おそらく、残念な気持ちになりますよね。**渡された名刺を見ないという行為は、目の前の相手に「一切興味がありません」と言っていることと同じです。**さらに、相手の話に耳を傾けようともしないというのは、ご本人は気づいていませんでしたが、とても失礼なことなのです。

はじめて会う人とお話しするときや、名刺交換を行うときは、自分のことをきちんと紹介することはもちろんですが、それ以上に相手の話を聞くことが大切です。そうしてはじめて、ご縁がつながります。そのご縁を丁寧に紡いでいくことが、新たなチャンスにつながっていくのです。逆に相手の話に耳を傾けることができないと、チャンスはおろか、ご縁もそこで切れてしまいます。

縁元の人への感謝の気持ちを忘れない

研修の受講生から、こんな話を伺うことがあります。

「ある人に頼まれて知り合いを紹介したのですが、その後、何の連絡もなくて……」

「大切な人をご紹介するのだけど、いつも気づくと私を飛び越えて、ご自身の友人のようにふるまわれて複雑な思いをすることがあります」

こんなふうに感じるのは、心が狭いからなのでしょうか？　いいえ、そんなことはありません。ごく自然な感情かと思います。

みなさまは、どんな人に自分の大切な人を紹介したいと思うでしょうか。おそらく、信頼できる人や、「力になりたい」と思える人ではないかと思います。対面で紹介する場合は、両者を引き合わせる日取りや場所を考慮する必要があります。メールやチャットでおつなぎする場合も、何度かやり取りが発生しますよね。それなのに、紹介した後に何の連絡もないと、気になるのは当然です。

ビジネスシーンでは、人を紹介してもらったり、逆にこちらから紹介したり、ということがよく起こります。忙しくなると、そうした経緯を忘れて仕事を進めてしまいがちです。けれども、**ご縁をつないでくれた人（縁元となる人）への感謝の気持ちはいつまでも忘れないことが大切です。**そこを忘れてしまうと、本当の意味での「縁」は途切れてしまいます。

人を紹介されたら必ず「その後」も報告する

紹介を受けた場合は、縁元の人に、必ず感謝の気持ちを伝えましょう。

２１１ページで、相談したら「結果」と「お礼」を必ず伝えましょうとお伝えしましたが、相談に限らず、人を紹介していただいたときも同様に経緯を報告すると、相手に喜んでもらえます。

たとえば、「あのとき○○さんをご紹介いただいたことがきっかけで、このようになりました。ありがとうございます」というように、経緯を添えてお礼を伝えます。

さらに、何年か経ってからも「おかげさまで……」と、折に触れてお礼を伝えるようにすると、こちらが思う以上に喜んでもらえます。

紹介して時間が経つと、縁元となってくれた人も、自分が紹介したことを忘れていることがあります。そんな中でも丁寧に報告してもらえると、「また紹介しよう」「何かあったらまた力になろう」と思うものです。仕事は、すべてこうした人間関係が元になってできているのです。

若手の頃は、人を紹介することよりも、紹介される機会のほうが圧倒的に多いと思います。仕事を覚えるだけでも精一杯で、なかなか余裕がないかもしれません。けれども、紹介を受けたときには、必ずお礼を伝えましょう。そして、その後の経緯も添えて報告します。

こうしたほんのひと手間を惜しまない姿勢が、周囲の「この人の力になってあげたい」という気持ちを生み、信頼につながっていきます。どんなときも周りの人への感謝の気持ちを忘れず、たくさんの人に応援されながら、前に進んでいってくださることを願います。

おわりに

「過去と他人は変えられないが、未来と自分は変えられる」

この言葉を聞いたことがあるでしょうか。これは、カナダの精神科医であるエリック・バーンという方の言葉と言われています。

働いていると、上司や先輩に対して「もっとこうしてくれたら」「こんな上司だったら」などと思うことがあるでしょう。苦手な取引先もあると思います。ですが、働く相手を選ぶことはできません。ましてや相手を変えることなどできません。であれば、自分が変わりましょう。そして、自分で自分の環境を変えていきましょう。私は言葉でそれができると思っています。言葉が人間関係を作るからです。

また、自身の成長と上司・先輩との関係性は比例します。応援してくれる人、味方になってくれる人の存在は、成長に欠かせません。そのためにも、自分が「この人を応援したい、育てたい」と思わせる存在に、「この人なら任せてみよう」と思われる存在になることです。これも、言葉遣いを磨き、話し方を磨くことで叶います。

言葉遣いは心遣いです。言葉は、私たちの心を映し出し、相手との架け橋となるものです。丁寧な言葉遣いは、単なるマナーではありません。相手への敬意や気持ちを伝えるための大切な手段です。この本を通じて、みなさまが言葉の力を感じ、日々のコミュニケーションに活かしてもらえれば幸いです。

また、どんな人も、一歩ずつ成長していきます。急に何かができるようになったり、一足飛びに上手く進んだりすることはありません。言葉遣いや話し方も同じです。

私はいつも「微差の積み重ね」を大切に、とお伝えしています。最初はほんの少しの違いですが、積み重なれば年々大きな違いになり、「差」となっていきます。未来のあなたは、「今」のあなたの行動や意識によって作られます。

本書が、素晴らしい人間関係を築く一助となりますように。
そして、その人間関係が新たなご縁やチャンスを引き寄せ、みなさまのキャリアを豊かにすることを心から願っております。

高田将代

著者略歴

髙田将代（たかだ・まさよ）

マナーコンサルタント・ふるまいコンシェルジュ

国宝「當麻曼荼羅」を有する奈良の當麻寺に生まれる。将代という名前は、當麻寺に伝わる「中将姫伝説」の中将姫より一字をとって命名された。幼少期から茶道・華道を嗜み、着物着付け講師の資格も持つ。現天皇陛下（浩宮様）や三笠宮ご夫妻をお迎えしたことも。大学卒業後、伊藤忠商事に勤務。その後、フィニッシングスクール（マナー・プロトコール・社交・教養・礼儀作法を学ぶ学校）での学びを経て、マナー講師となる。日本と海外、それぞれのマナーや文化を学び、あらためて日本の心遣いの素晴らしさに気づく。日本人ならではの細やかな気配りを活かし、心理学、脳科学などを活用した印象管理術やコミュニケーション術で、顧客の心を掴む接遇・接客マナー研修、コミュニケーション研修を実施。海外にも、日本ならではのおもてなしを伝える。一方、自身のスクールでは、多くの女性の本質的な魅力を引き出している。著書にはロングセラーとなっている『オトナ女子のふるまい手帖』（SBクリエイティブ）がある。

入社《にゅうしゃ》1年《ねん》目《め》から好《す》かれる人《ひと》の
敬語《けいご》・話《はな》し方《かた》のビジネスマナー

2024年12月25日　初版第1刷発行

著　　者　髙田将代《たかだまさよ》
発 行 者　出井貴完
発 行 所　SBクリエイティブ株式会社
〒105-0001　東京都港区虎ノ門2-2-1
装幀・本文デザイン　岡部夏実（Isshiki）
イラスト　徳丸ゆう
D T P　クニメディア株式会社
編集協力　大島永理乃
編　　集　飯銅 彩（SBクリエイティブ）
印刷・製本　三松堂株式会社

本書をお読みになったご意見・ご感想を
下記URL、または左記QRコードよりお寄せください。

https://isbn2.sbcr.jp/28239/

落丁本、乱丁本は小社営業部にてお取り替えいたします。
定価は、カバーに記載されております。
本書に関するご質問は、小社学芸書籍編集部まで書面にてお願いいたします。

ISBN　978-4-8156-2823-9

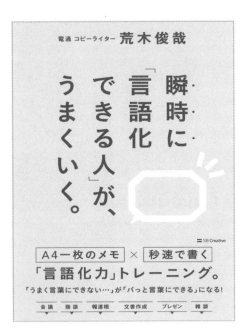